Günther Klempnauer

Mach das Beste aus deinem Leben

Mutmach-Geschichten über
Krisen, Glaube und Erfolg

W0245417

Bibliografische Information der Deutschen Nationalbibliothek
Die Deutsche Nationalbibliothek verzeichnet diese
Publikation in der Deutschen Nationalbibliografie;
detaillierte bibliografische Daten sind im Internet unter
http://dnb.d-nb.de abrufbar.

Besuchen Sie uns im Internet:
www.st-benno.de

Gern informieren wir Sie unverbindlich und aktuell
auch in unserem Newsletter zum Verlagsprogramm,
zu Neuerscheinungen und Aktionen.
Einfach anmelden unter www.st-benno.de.

ISBN 978-3-7462-5748-8

© St. Benno Verlag GmbH, Leipzig
Umschlaggestaltung: Rungwerth Design, Düsseldorf
Covermotive: © dpa (Nick Vujicic), © picture alliance/APA/picturedesk.
com (Reinhold Messner), © Stift Heiligenkreuz (Sr. Mia Noel)
Gesamtherstellung: Kontext, Dresden (A)

GÜNTHER KLEMPNAUER

MACH
DAS BESTE
AUS DEINEM
LEBEN

Mutmach-Geschichten über
Krisen, Glaube und Erfolg

benno

Inhalt

Über das Geheimnis von Glauben und Erfolg   6

Nikolaus B. Enkelmann (1936–2017)
Wer das Leben meistern will,
braucht Mut und Selbstvertrauen   11

Dr. Robert H. Schuller (1926–2015)
Verträume nicht dein Leben,
sondern lebe deinen Traum   26

Leg deine „Talente" gewinnbringend an   41

Marie Mauritz / Sr. Mia Noel (*1983)
Wie ein Wiener Partygirl sein Glück
im Orden Mutter Teresas fand   45

Sei motiviert, dann kommst du in Bewegung   63

Torsten Hartung (*1962)
Wie ein Mörder zum Menschenretter wurde   67

Erfolg ist, wenn du aus deinem Leben
das Beste machst   81

Dr. Thomas Middelhoff (*1953)
Total gescheitert am Hochmut und wieder
auferstanden in Demut und Dankbarkeit   86

Visualisiere, was du erreichen möchtest 100

Prof. Dr. Dr. Gerald Hüther (*1951)
Nutze dein Gehirn richtig,
dann hast du mehr vom Leben 104

Reinhold Messner (*1944)
Die Freiheit aufzubrechen, wohin du willst 118

Jürgen Höller (*1963)
Sag Ja zum Erfolg und
sprenge deine Grenzen 131

Setze dir Ziele, gestalte dein Leben 143

Nick Vujicic (*1982)
Für Gott gibt es keine Grenzen –
sei ein Wunder für andere Menschen 149

Wage das Experiment des Glaubens 166

Prof. Dr. Viktor E. Frankl (1905–1997)
Der Wille zum Sinn –
trotzdem Ja zum Leben sagen 170

Lass dich von Siegern inspirieren 185

Über das Geheimnis
von Glauben und Erfolg

Ganz gleich, ob du auf sonnigen Höhen oder in dunklen Tälern stehst: Mach aus allem das Beste! Wie das geht, darüber habe ich viele inspirierende Gespräche mit Mutmachern und Ratgebern geführt, die Angst in Hoffnung, Verzweiflung in Glaubenszuversicht, Egoismus in Nächstenliebe, Niederlagen in Siege und Krisen in Chancen verwandelt haben. Auch ich bin nicht verschont geblieben von traumatischen Erlebnissen, erschütternden Familientragödien, bedrohlichen Erkrankungen und beruflichen Herausforderungen. Ebenso wie meine krisenerfahrenen Protagonisten habe ich erleben dürfen, wie Gott auf krummen Linien gerade schreibt und wie einen das eigene Scheitern oft gescheiter macht. An diesen aufbauenden Erfahrungen möchte ich dich teilhaben lassen. Hier ein Überblick, was und wer dich erwartet:

1) „Wer das Leben meistern will, braucht Mut und Selbstvertrauen", hat Nikolaus Enkelmann zeitlebens gelehrt. Der Gründer des „Instituts für Persönlichkeitsbildung und Zukunftsgestaltung" zeigte Hunderttausenden in seinen Seminaren, wie sie ihr Unterbewusstsein aktivieren und ihre Konzentrationskraft stärken können. Wie lauten seine vierzehn Grundgesetze der Lebensentfaltung?
2) „Entdecke deine Möglichkeiten und lebe sie",

ermutigte der US-amerikanische Fernsehpfarrer Dr. Robert Schuller jahrzehntelang seine Zuhörer. Mit seinem Lehrer Norman Vincent Peale lehrte er die Kraft des positiven Denkens auf biblischer Grundlage. Wie hat sich die Verheißung Jesu, dass der Glaube Berge versetzen kann, in seinem Leben über Höhen und Tiefen ausgewirkt?

3) „Ich wollte das Leben in vollen Zügen genießen, viele Partys feiern und einfach in den Tag hineinleben", bekennt die gebürtige Wienerin Marie Mauritz. Heute heißt sie Schwester Mia Noel und ist Nonne im Orden von Mutter Teresa. Wie ist es möglich, dass sie durch die Begegnung mit einem Sterbenden in Kalkutta ein neuer Mensch wurde?

4) „In meinem gesamten Leben habe ich keinen bösartigeren Menschen kennengelernt als mich selbst", sagt Torsten Hartung über sich. Der ehemalige Bandenchef eines der größten Autoschieberringe Europas, der kaltblütig seinen Rivalen erschoss, hat 15 Jahre im Knast gesessen. Warum ist er heute von seinem Beruf als barmherziger Samariter u. a. für ehemalige Strafgefangene begeistert?

5) „Aus der Hölle in den Himmel" – so drastisch beschreibt der ehemalige Topmanager Dr. Thomas Middelhoff seinen dreijährigen Läuterungsprozess im Gefängnis. Wie kommt es, dass der langjährige Vorstandsvorsitzende der Bertelsmann AG, der heute kein Vermögen mehr besitzt, jetzt erst ein glücklicher Mensch geworden ist?

6) „Du hast mehr vom Leben, wenn du dein Gehirn richtig nutzt", ermutigt Prof. Dr. Dr. Gerald Hüther seine wachsende Zuhörerschaft. Deutschlands bekanntester Hirnforscher geht der spannenden Frage nach, was in unserem Hirn geschieht und wie es sich auf unser Leben, auf Körper, Geist und Seele auswirkt. Wie kannst du dein Gehirn bis ins hohe Alter formen?

7) „Die Freiheit, aufzubrechen, wohin ich will", darum geht es Reinhold Messner, der als erster Mensch alle 14 Achttausender bezwungen hat. Was ist das Geheimnis seiner Lebenseinstellung und seiner außerordentlichen Erfolge? Was hat ihn angetrieben, schier unerträgliche Strapazen auf sich zu nehmen?

8) „Sag Ja zum Erfolg und sprenge deine Grenzen", spornt Jürgen Höller seit 35 Jahren seine – mittlerweile über eine Million – Seminarteilnehmer an. Vor 17 Jahren erlebte er seine größte Krise und landete im Gefängnis. Heute ist er der erfolgreichste Motivationstrainer Europas. Was ist passiert, dass er wieder ganz oben ist, voller Begeisterung und Schaffenskraft?

9) „Wenn kein Wunder an mir geschieht, möchte ich ein Wunder für andere sein", betete der ohne Arme und Beine geborene Australier Nick Vujicic. Heute reist er als Redner um die Welt und wird von Millionen Menschen bewundert. Wie ist es möglich, dass er in vollbesetzten Stadien, Kirchen, Schulen, Universitäten und Krankenhäusern hoffnungslose und verzweifelte Menschen ermutigen kann?

10) „… trotzdem Ja zum Leben sagen" heißt der Weltbestseller von Prof. Dr. Viktor Frankl, in dem er seine Erfahrungen als jüdischer KZ-Häftling niedergeschrieben hat. Der weltberühmte Neurologe und Psychiater hat erlebt, dass durch eine positive Haltung zum Leid die höchsten menschlichen Werte zum Tragen kommen: Tapferkeit, Geduld, Mut, Durchhaltevermögen und Urvertrauen zum Dasein. Wie können seine Lebenserkenntnisse in Krisen helfen?

In den letzten 50 Jahren hatte ich zahllose Begegnungen mit Persönlichkeiten aus Politik, Wirtschaft, Wissenschaft, Kultur und Sport. So habe ich erkannt, wie wichtig es ist, die eigenen Fähigkeiten und Talente zu entfalten, Lebensziele mit Begeisterung und kreativer Schaffenskraft auch zum Nutzen der Gemeinschaft verantwortungsbewusst zu verfolgen, Freundschaften und Netzwerke aufzubauen sowie eine positive Antwort auf die Sinn- und Gottesfrage zu suchen.

Deshalb gibt es – ergänzend zu den biografischen „Mutmach-Geschichten" – blau markierte Beiträge über eine strategische Lebensplanung. Als Leitbilder stelle ich dazu u. a. mehrfache Olympiasieger vor, die mir in persönlichen Gesprächen ihr Erfolgs- und Glaubensgeheimnis anvertraut haben. Im sportlichen Wettkampf gelten dieselben Erfolgsfaktoren wie im alltäglichen Leben:

•   Leg deine „Talente" gewinnbringend an
•   Sei motiviert, dann kommst du in Bewegung
•   Erfolg ist, wenn du aus deinem Leben das Beste machst

- Visualisiere, was du erreichen möchtest
- Setze dir Ziele, gestalte dein Leben
- Wage das Experiment des Glaubens
- Lass dich von Siegern inspirieren

Diese Motivationsimpulse sowie die außergewöhnlichen Mutmach-Geschichten von Menschen, die ganz unten waren, mögen dich beflügeln, nie aufzugeben und jeden Tag voller Erwartung neu anzufangen. Mögen die Grenzen, an die du immer wieder stoßen wirst, einen Weg für deine Träume offenlassen, denn alle Dinge werden denen zum Besten dienen, die Gott lieben. Das haben Christen in diesem Buch erfahren. Nach jedem Gewitter stand schließlich wieder ein Regenbogen über ihrem Haus.
Mach's gut und Gott segne dich! Vielleicht treffen wir uns mal bei meinem Vortrag „Mach das Beste aus deinem Leben!"

Günther Klempnauer

Nikolaus B. Enkelmann (1936–2017)

Wer das Leben meistern will, braucht Mut und Selbstvertrauen

Der legendäre Erfolgstrainer und Gründer des „Instituts für Persönlichkeitsbildung und Zukunftsgestaltung" hat das mentale Training im deutschen Sport eingeführt und Tausende Athleten, aber auch Topmanager, Politiker und Ärzte gecoacht.

„Ich kann, was ich will", lautet der Leitsatz des bekannten Persönlichkeitstrainers Nikolaus Enkelmann. Angeregt durch seinen Lehrmeister, Prof. Dr. J. H. Schultz, den Vater des autogenen Trainings, entwickelte der studierte Soziologe und Psychologe eine optimierte Methode zur Aktivierung des Unterbewusstseins, zur Stärkung der Konzentrationskraft und zur Kunst der Autosuggestion für die körperliche und seelische Regeneration – das mentale Training.

Die Enkelmann-Methode nutzt die neuesten Erkenntnisse der Gehirnforschung und fußt auf den psychologischen Theorien von Alfred Adler, Carl Gustav Jung und Viktor E. Frankl. Sie umfasst den ganzen Menschen mit Leib, Seele und Geist. Ihre Ziele sind Ausgeglichenheit, Harmonie und Erfolg. Enkelmann erklärte: „Wer die unermesslichen Kraftreserven der eigenen Seele kennt, kann aus dem Vollen schöpfen. Viele wissen zwar um den Einfluss des Unterbewusstseins auf jedes menschliche Handeln, doch bleibt solches Wissen ungenutzt, wenn sich nicht Wege auftun, die brachliegenden Kraftreserven zu mobilisieren."

Über seine fundamentalen Erkenntnisse zur Persönlichkeitsentwicklung sprach er mit mir über die Jahre in mehreren Interviews.

Ängste machen dich erfolglos

„Erfolg" ist ein Zauberwort. Enkelmann betonte: „Alles, was lebt, braucht Erfolg. Jeder Halm, jede Knospe, jeder Baum, jedes Tier, jeder Mensch. Erfolg ist Leben, denn Leben heißt wachsen. Es geht nicht um einen einmaligen Erfolg, sondern um einen lebenslangen, harmonischen Wachstumsprozess. Andauernder Erfolg muss aus dem Inneren wachsen und entspringt unserem Denken, unserer Weltanschauung und unserer ganzen Persönlichkeit."

Er verdeutlichte immer wieder, dass nichts den Menschen in der Entfaltung seiner Persönlichkeit mehr hemmen und hindern würde als die Angst, die sich in allen Lebensbereichen negativ auswirke. Wer Angst vor der Zukunft habe, plane nicht seine Zukunft und setze sich keine positiven Ziele. Deshalb mache Angst erfolglos.

Auf die Frage, welche Lösungen zur Angstüberwindung er anzubieten habe, antwortete der Persönlichkeitstrainer: „Wir müssen lernen, unsere Angst vor Problemen zu verlieren, und den Mut haben, den Stier bei den Hörnern zu packen. Wer das Leben meistern will, braucht Mut und Selbstvertrauen. Dazu müssen Ängste als solche erst einmal erkannt werden, bevor sie in Stärken umgewandelt werden können. Fast jeder Mensch hat in seinem Leben eine Situation erlebt, in der er über sich selbst hinausgewachsen ist. Jeder Mensch ist in der Lage, ungeahnte Kräfte zu mobilisieren, wenn die Situation es erfordert."

Überwinde Widerstände und Blockaden

Schreiten wir zur Tat. Wie kann man konkret Hindernisse meistern? Indem man sich bewusst mache, dass niemand seinem Schicksal hoffnungslos ausgeliefert sei und jeder sich verändern könne, erklärte der Erfolgstrainer. Daraus müssen dann Wille und Ehrgeiz erwachsen. Die innere Freiheit beginnt in dem Moment, wo Grenzen nicht mehr als unüberwindbar hingenommen werden. Wer daran glaubt, kann das Wissen um seine unbewussten Kräfte für seine persönlichen Lebensziele einsetzen. Denn wer im Leben vorwärtskommen will, darf sich nicht aufhalten lassen, sei es von Ängsten oder von sonstigen Blockaden. In der Überwindung der Angst liege der Grundstein für Erfolg im Leben.

Konzentriere dich auf das Wichtigste

Für Enkelmann hängt der Erfolg von der Fähigkeit ab, richtig zu entscheiden. Dazu bemerkte er: „Wir kommen nur zu den sechs richtigen Entscheidungen, wenn wir auch den Mut haben, vier Fehlentscheidungen zu akzeptieren. Nicht fleißiger werden, besser werden, heißt die Lösung. Konzentration auf das Wichtigste muss unser Ziel sein. Was ist auf dem Weg zu meinem Ziel das Wichtigste? Nicht alles, was interessant ist, ist gleichzeitig wichtig. Wir müssen den Chefblick entwickeln. Eine Tanne zeigt: Wenn die Spitze wächst, wachsen auch die anderen Äste. Die Spitze muss wachsen. Keine Frage ist daher so wichtig wie diese: Was ist meine Spitze? Schon Aristoteles prägte den Satz: ‚Gebt mir einen Punkt, und ich werde die Welt aus den Angeln heben.'"

Sei auf deinem Gebiet der Beste

Mich interessierte, wie Nikolaus B. Enkelmann selbst erfolgreich geworden war.

„Als mein Vater nach dem Zweiten Weltkrieg aus der russischen Kriegsgefangenschaft zurückkehrte, holte er als Schneidermeister Ratschläge von den besten Schneidern in Deutschland ein, um sich eine neue Existenzgrundlage zu schaffen. ‚Kontakte sind wichtig zur Inspiration‘, sagte er mir. ‚Es genügt nicht, nur gut zu sein. Man muss danach streben, auf seinem Gebiet der Beste zu werden.‘ Für seine überragenden Leistungen erhielt mein Vater auch bei vielen Ausstellungen Gold- und Silbermedaillen. Da ich in der Schule Lernschwierigkeiten hatte, besorgte mir mein Vater einen Nachhilfelehrer, der früher Abt in einem Franziskanerkloster gewesen war. Er war hochgebildet und wies mich in die Weisheiten alter Kulturen der westlichen und östlichen Philosophien ein. Das faszinierte mich. Ferner glaubte der Lehrer an mich und schrieb mir zum 12. Geburtstag ein Gedicht, das mit den Worten endete: ‚bis man einmal sagen kann: Nikolaus ist ein tüchtiger Mann.‘ Außerdem lehrte er mich eine positive Lebenshaltung, denn sein Lebensmotto lautete: ‚Mut haben und nie aufgeben.‘“

Entdecke die Vision für dein Leben

Nicht jedermann hat das Glück, einen solchen Lehrmeister zu finden. Was rät Enkelmann, um auf die Erfolgsspur zu kommen? „In unserem Seminar ‚Der erfolgreiche Weg‘ verwenden wir zwei Tage darauf, unsere eigene Spur zu entdecken, unsere Lebensaufgabe zu finden. Vielleicht haben Sie mal einen

Schwan auf einem Schlossteich gleiten sehen. Sobald derselbe Schwan auf einer Wiese daherwatschelt, wirkt er hässlich und unbeholfen. Die Preisfrage unseres Lebens lautet: Will ich der Schwan auf der Wiese sein oder bin ich der Schwan auf dem Schlossteich? Habe ich mein Element schon gefunden? Was kann ich tun, um mich im Einklang mit meiner Persönlichkeit zu entfalten und die Vision für mein Leben zu entdecken?

Beispiele aus der Geschichte können uns dabei helfen. Heinrich Schliemann wusste mit sieben Jahren: ‚Ich werde Troja entdecken.' Und Wernher von Braun wusste mit 12 Jahren: ‚Ich werde Raketen zum Mond schießen.' Ich kenne viele Menschen, die mit 50 Jahren noch nicht wissen, was sie wollen."

Dein Sieg beginnt im Kopf

Es gibt natürlich auch Menschen, die wissen, was sie wollen. Aber diese können ihre Vorstellungen oft nicht in die Tat umsetzen. Das sei die schwierigste Aufgabe, meinte der Erfolgstrainer und führte aus: „Wenn wir wirklich davon überzeugt sind, dass in jedem Menschen eine Art göttlicher Funke vorhanden ist, so kommt es darauf an, diesen Funken zum Leuchten zu bringen, also seine Gaben weiterzuentwickeln. Was in uns schlummert, das müssen wir entfalten. Oft fragen wir uns, warum jemand mit weniger Potential erfolgreicher wird, als jemand, der voller Begabungen steckt. Das Geheimnis ist, dass es darauf ankommt, förderlich mit dem umzugehen, was wir haben. Ein Defizit lässt sich weitgehend durch Einsatzbereitschaft, Selbstvertrauen und die Fähigkeit, von anderen Menschen zu lernen, ausgleichen."

Seine bedeutendste Erfolgsstrategie lautet: „Das Wissen wird zum Können. Gesiegt wird im Kopf."

Dazu erläuterte Enkelmann: „Gedanken sind Kräfte. Alles beginnt im Denken. Wenn wir denken, dass wir glücklich sind, und sich dieses Denken in Übereinstimmung mit unserem Gefühl vernetzt, sind wir glücklich. Wenn wir denken, dass uns Schmerzen quälen, dann empfinden wir auch Schmerzen. Deshalb sollten wir mit unseren Gedanken sehr sorgfältig umgehen, damit wir das, was wir in unserem Leben erreichen wollen, auch als Realität erleben. Wenn wir an Erfolg denken und dieses Erfolgsdenken täglich praktizieren, dann verstärken wir alles, was mit unserem Ziel zu tun hat, mit einer intensiven Schubkraft. Unsere Zukunft beginnt im Kopf, ganz gleich ob positiv oder negativ."

Nutze dein volles Potenzial

Die Macht der Gedanken hatte schon den jungen Nikolaus fasziniert, wenn er auf Jahrmärkten Fakire bei ihren Kunststücken beobachtete. Sie konnten sich auf Nägel legen oder ihre Haut mit Dolchen durchbohren, ohne Schmerz zu empfinden. Als Psychologiestudent in Berlin erwarb er wissenschaftliche Kenntnisse über die Kräfte des Unterbewusstseins vor allem bei Professor Schultz, dem Vater des autogenen Trainings. Schultz lehrte, dass das Denken den Körper und den Gesundheitszustand beeinflusst. Als Selbsthypnose hatte er das autogene Training entwickelt, das er zur Befreiung des Geistes einsetzte. Enkelmann entwickelte dies weiter: „Aus dem autogenen Training schuf ich eine Methode, die die mentalen Kräfte im Menschen nach außen freisetzt und Höchstleistungen ermöglicht, nämlich das mentale Training. Mentales Training hat eine geheimnisvolle Wirkung. Im Dämmerzustand zwischen Wachsein und Schlaf (Trance) ist das Gehirn am lernfähigsten und reaktionsfähigsten. In diesem Alphazustand kann sich der Mensch am leichtesten von seinen falschen Programmen lösen und bessere Programme einprägen. Außerdem lernt er, sein volles Potenzial zu nutzen, und befreit seine Energien zu neuem Handeln. So werden Spitzenleistungen möglich."

Setze seelische Kraftreserven frei

Das mentale Training hat der Motivationstrainer bereits in den 70er-Jahren erstmals im deutschsprachigen Raum bei Spitzensportlern erfolgreich praktiziert, zunächst bei den österreichischen Skispringern und kurz darauf bei der deutschen Ski-Nationalmannschaft der Frauen. Wie hat er es geschafft, dass die bis dahin sieglosen Wettkämpfer plötzlich Gold- und Silbermedaillen bei den Olympischen Spielen gewannen?
Er verriet mir seine Erfolgsmethode: „Mentales Trai-

Günther Klempnauer im Gespräch mit dem Erfolgsphilosophen
Nikolaus B. Enkelmann

ning vermittelt die Kunst der Tiefenentspannung und die Freisetzung seelischer Kraftreserven. Ein Zitat in der Bibel lautet: ‚Herr, was ich befürchtet habe, ist über mich gekommen!' (Ijob 3,25). Es gibt Sportler, die starten, um nicht zu verlieren. Andere Sportler gehen an den Start, um zu gewinnen. Für einen Sportler ist es zunehmend wichtig, mit welcher inneren Einstellung und mit welchem Selbstvertrauen er an eine bestimmte Leistung herangeht. Der Aufbau neuer Mentalkraft lässt sich am besten bei den Sportlern verfolgen, die viel Mut für Spitzenleistungen in ihrer Disziplin benötigen, zum Beispiel beim Skispringen und Skifliegen. Fast alle Skispringer kommen mit der gleichen Geschwindigkeit unten am Schanzentisch an. Dennoch erreichen einige 60 Meter, andere über hundert Meter Sprungweite. Hier spielt der Mut-Faktor eine große Rolle. Springe ich aus dem größten Schwung heraus und nutze den richtigen Zeitpunkt besonders kraftvoll und optimal oder rutsche ich nur vom Schanzentisch auf die Bahn, weil meine Angst eben doch zu groß ist? Angst schafft Enge, Angst raubt uns den Schwung und blockiert unser Denken.

Untersuchungen belegen, dass wir nicht nur körperlich, sondern auch mental trainieren können. Im Kopf, in Gedanken gehen wir jede Phase des Anlaufs bildhaft im Detail durch. Die Testergebnisse zeigen, dass die größte Leistungssteigerung nicht durch das sportliche Training, sondern durch das Mentaltraining erreicht wird.

Mentales Training wirkt zuerst nach innen. Es verändert unsere Innenwelt, indem wir harmonischer, freier und vollkommener werden. Dann wirkt diese Form der Tiefenentspannung mit der gleichen Intensität nach außen. Wir entziehen uns also nicht der Welt, sondern reinigen uns erst von negativen Eindrücken und Verkrampfungen. Dann wirkt unser mentales Training – durch eine positive Suggestion – kräftigend und stärkend nach innen und nach außen."

Trainiere die Tiefenentspannung im Alphazustand

Laut Neurowissenschaftlern nutzt der Mensch nur 10 % seines geistigen Potentials. Was können wir tun, um die im Unterbewusstsein schlummernden Kräfte freizusetzen? Dieser Frage ist Enkelmann nachgegangen: „Es gibt im Gehirn Synapsen, welche die Aufgabe haben, Informationen von einer zur anderen Zelle weiterzuleiten. In dem Moment, wo der Mensch gestresst oder voller Angst ist, sind die Synapsen blockiert. Manchmal fallen uns bei einer Begegnung mit Bekannten nicht mehr deren Namen ein. Je mehr wir uns intellektuell dazu zwingen, auf die Namen zu kommen, umso aussichtsloser ist dieses Unterfangen. In der Entspannung lösen sich die Blockierungen. Der innere Mensch wird frei und kann einen Großteil seines Potentials nutzen. Diese Tiefenentspannung im Alphazustand muss trainiert werden. Ein hektischer Mensch im Betazustand dreht sich im Kreis wie ein Zirkuspferd. Vergleichen wir unsere Umwelt mit ihrer Reizüberflutung mit einem Gebirgsbach während eines regnerischen Unwetters. Das Wasser braust den Berg hinunter und nimmt Geröll und Lehm mit sich. Durch die Hektik wird das Wasser immer lehmiger, schmutziger und trüber. Dieses aufgescheuchte Wasser fließt endlich in einen stillen See und kommt zur Ruhe. Die Fremd- und Schadstoffe sinken langsam auf den Grund des Sees und das Wasser beginnt, sich zu beruhigen. Es wird wieder klar und durchsichtig. So ergeht es auch dem Menschen im Alphatraining. Alles Unwichtige und Nebensächliche lagert sich ab. Bewusstsein und Unterbewusstsein werden wieder klar und durchschaubar. Der Alphamensch unterscheidet sich von der Masse dadurch, dass er gelernt hat, seine Energien immer wieder neu zu laden, zu speichern und zu bündeln."

Suche einen Sinn in deinem Leben

In unserem Unterbewusstsein gibt es noch weitere Schätze zu heben, die der Psychologe C. G. Jung das kollektive Unbewusste genannt hat. Im täglichen Leben kommt es darauf an, wie viel wir von dem, was in uns ist, auch mobilisieren können. Das ist abhängig von unserem Selbstbewusstsein, aber auch von unserem Gottesbewusstsein. C. G. Jung spricht vom religiösen Urbedürfnis. Ich fragte Nikolaus Enkelmann, welche Rolle die religiöse Dimension in seinem Institut spiele: „Das Erfolgssystem unseres Instituts steht auf den Säulen der abendländischen Philosophie und findet seine Bestätigung im Alten und Neuen Testament. Es erkennt und bejaht die Grundwerte des Christentums und weiß um die Kraft des Glaubens. Zu Gott führen jedoch viele richtige Wege. Für uns ist es wichtig, jedem einzelnen Menschen dabei zu helfen, den Glauben nicht nur wiederzufinden, sondern auch zu verstehen und zu vertiefen. Wer im Glauben ruht und lebt, hat es in der Problem- und Lebensbewältigung sehr viel leichter als ein Atheist.

Der Wiener Psychologe Viktor Frankl stellte am Ende des 20. Jahrhunderts fest, dass die Menschen unter der Sinnlosigkeit ihrer Existenz leiden. Wer sein Leben als sinnlos empfindet, kommt sich minderwertig und überflüssig vor. Die Suche nach dem Sinn unseres Lebens ist nicht der Beginn einer Irrfahrt in die Einsamkeit, sondern der Start zum individuellen Lebenserfolg. Über sich selbst nachzudenken, ist nicht das Zeichen einer seelischen Krise, sondern der Beginn der menschlichen Reife. Dazu zählen auch Potential-Aspekte wie die Übernahme von Verantwortung, die Erhöhung unseres Mut-Pegels sowie unser ehrliches Interesse an unseren Mitmenschen."

Sei offen für Glaube, Liebe und Hoffnung

Welchen Stellenwert hat der Glaube in der Enkelmann-Erfolgsmethode?
„Ich sehe meine Aufgabe darin, den Menschen erst einmal zu sich selbst zu bringen. Es fällt manchen Menschen intellektuell schwer, an Gott zu glauben, wenn sie nicht an sich selbst glauben können. Darum setzt für mich der Glaube an Gott, an das Gute oder an das moralische Prinzip den Glauben an sich selbst voraus. Wer in sich selbst ruht und in Gott seinen Mittelpunkt findet, entwickelt sich zu einer harmonischen Persönlichkeit."

Gott braucht deine Hände

Meine Bekanntschaft mit Nikolaus Enkelmann kam zustande durch unseren gemeinsamen Freund Dr. Robert H. Schuller. Der US-Amerikaner hat unter Anleitung von Norman Vincent Peale das sogenannte „Möglichkeitsdenken" kreiert. Robert Schuller sieht Gott als seinen Navigator, der am Steuerrad steht. Er führt durch Engpässe hindurch zum sicheren Bestimmungsort. Auch Nikolaus Enkelmann wollte als Christ seinen Auftrag erfüllen: „Ich möchte diese

Welt ein bisschen besser verlassen, als ich sie betreten habe. Im westfälischen Münster hängt in einer Kirche ein Kruzifix, das durch einen Bombenangriff im Zweiten Weltkrieg stark beschädigt wurde. Das Kruzifix ist zwar restauriert, aber ohne Arme. Darunter stehen die Worte: ‚Ich habe keine Hände, denn deine.‘ Gott hat unsere Hände. Wenn ich nichts Gutes tue, wer soll es dann für mich tun?

Ein erfolgreicher Mensch zeichnet sich dadurch aus, dass er durch seine Leistung Anerkennung findet. Seine Leistung soll andere Menschen in die Lage versetzen, ebenfalls erfolgreich zu werden. Ich glaube, dass Menschen, die ihre Fähigkeiten und Begabungen nicht nutzen, in hohem Maße unsozial sind. Es gibt kein Wirtschaftsleben ohne Moral. Wenn das christliche Liebesgebot: ‚Liebe deinen Nächsten wie dich selbst‘, nicht mehr greift, geht die Welt zugrunde.“

Du bist, was du denkst

Nikolaus Enkelmann hat 14 Grundgesetze der Lebensentfaltung zusammengetragen, die Grundlage seines Erfolgstrainings sind:

1. Nur der Mensch hat die Kraft, bewusst zu denken, zu planen und zu gestalten.
2. Am Anfang jeder Tat steht die Idee. Nur was gedacht wurde, existiert.
3. Gedanken entwickeln sich im Unterbewusstsein oder durch äußere Einflüsse.

4. Das Unterbewusstsein – die Baustelle des Lebens und der Arbeitsraum der Seele – hat die Tendenz, jeden Gedanken zu realisieren.

5. Aus dem kleinsten Gedankenfunken kann ein leuchtendes Feuer werden.

6. Was wachsen soll, braucht Nahrung. Die Nahrung der Gedanken ist die Konzentration.

7. Bewusste oder unbewusste Konzentration ist Verdichtung von Lebensenergie.

8. Im Streit zwischen Gefühl und Verstand siegt immer das Gefühl.

9. Gedanken lenken und verstärken die Konzentration unbewusst, aber nachdrücklich.

10. Durch eine gezielte Entscheidung kann die Aufmerksamkeit auf jeden ausgewählten Punkt gelenkt werden.

11. Beachtung bringt Verstärkung. Nichtbeachtung bringt Befreiung.

12. Zustimmung aktiviert Kräfte. Ablehnung vernichtet Lebenskraft.

13. Die ständige Wiederholung einer Idee wird erst zum Glauben, dann zur Überzeugung – auch in negativer Hinsicht.

14. Glaube führt zur Tat. Konzentration führt zum Erfolg. Wiederholung führt zur Meisterschaft.

Dr. Robert H. Schuller (1926–2015)

Verträume nicht dein Leben, sondern lebe deinen Traum

Der US-Fernsehpfarrer erreichte weltweit bis zu 30 Millionen Zuschauer mit seinen TV-Gottesdiensten aus der Crystal Cathedral in Los Angeles. Der Begründer des „Possibility Thinking" (Möglichkeitsdenkens) war Präsidentenberater und Bestsellerautor.

„Hour of Power" hießen die außergewöhnlichen Fernsehgottesdienste, die über dreißig Jahre lang (1980–2013) aus der kalifornischen Crystal Cathedral in rund 200 Länder ausgestrahlt wurden. Seit 2020 ist die zur „Christ Cathedral" umbenannte Kathedrale die neue katholische Bischofskirche. Die Tradition der von Robert Schuller gegründeten reformierten Kirchengemeinde setzt sein Enkel, Pfarrer Bobby Schuller, fort, dessen TV-Gottesdienste zwar nicht mehr aus der Crystal Cathedral, aber weiterhin unter dem Namen „Hour of Power" – auch in Deutschland – ausgestrahlt werden.

Millionen von Menschen in aller Welt haben Dr. Robert H. Schuller entscheidende Lebens- und Glaubensimpulse zu verdanken. Nach dem Zusammenbruch der Sowjetunion war es der Generalsekretär des Zentralkomitees, Michail Gorbatschow, der Pfarrer Schuller bat, seine TV-Gottesdienste auch in Russland unter dem Leitthema „Von Herz zu Herz" auszustrahlen. Neben der Friedensnobelpreisträgerin Mutter Teresa haben viele andere bekannte Persönlichkeiten aus aller Welt in der Crystal Cathedral ihr Christuszeugnis abgelegt.

Schullers theologisches Konzept war ausgerichtet auf das Wohl der Menschen, die im Einklang mit dem göttlichen Willen ihre von Gott geschenkten Fähigkeiten und Talente entfalten sollen. In seinen Gottesdiensten ließ er oft Christen zu Wort kommen, die furchtbare Tragödien durchgemacht und sich trotzdem eine positive Lebenseinstellung bewahrt hatten. Daraus entwickelte Schuller seine psychologische Methode, das „Possibility Thinking". Das theologische Glaubensverständnis des „Möglichkeitsdenkers" war stark beeinflusst von seinem Lehrer Prof. Dr. Viktor E. Frankl, dem Begründer der Logotherapie, sowie von seinem Freund Dr. Norman Vincent Peale, dessen Weltbestseller „Die Kraft positiven Denkens" (1952) millionenfach bis heute verkauft wird.

Dr. Robert Schuller war ein willkommener Ratgeber zu der Frage, wie man das Beste aus seinem Leben machen kann. Deshalb schöpfe ich für dieses Buch aus dem Reichtum seiner Gedanken, die er mir bei intensiven Begegnungen in Asien und Europa auch als Vermächtnis anvertraut hat.

Für Gott das Beste erreichen

Vom Autokino zur Crystal Cathedral – Robert Schuller erzählte mir, wie sein Traum Wirklichkeit wurde: „Es war im Jahr 1955, als mir der damalige New Yorker Pfarrer Norman Vincent Peale in einem Telefongespräch sagte: ‚Von der Reformierten Kirche wollen wir an der Westküste eine neue Gemeinde aufbauen. Dafür haben wir Sie auserkoren.' Zusammen mit meiner Frau, meiner ältesten Tochter und meinem soeben geborenen Sohn sowie mit 500 Dollar Startkapital in der Tasche habe ich diese Herausforderung angenommen. Wir kannten niemanden in Garden Grove (bei Los Angeles in Kalifornien) und hatten keine Kontakte. Deshalb investierten wir ein paar Dollar in Zeitungsanzeigen, mit denen wir die Menschen zu unserem ersten Gottesdienst in ein Autokino einluden. Ich stand nach der Kinovorstellung auf dem Dach einer Imbissbude hinter einer aus Sperrholz selbstgezimmerten Kanzel. Mein erster Gottesdienst am 27. März 1955 im Freien vor etwa 100 Leuten, die in ihren Autos saßen, inspirierte mich später, die erste ganz verglaste Kathedrale mit 10.000 Glasfenstern zu bauen, weil ich mich in den offenen Himmel verliebt hatte."

Bald darauf mietete der emsige Pfarrer einen Gottesdienstraum, und fünf Jahre später bezog die Gemeinde eine Auto-Kirche mit tausend Sitzplätzen. Am 15. Jahrestag zählte seine reformierte Gemeinde bereits 6.000 Mitglieder. 1980, am 25. Jahrestag, wurde die Crystal Cathedral mit 3.000 Sitzplätzen eingeweiht. Wer in seinem Auto sitzen bleiben wollte, konnte auf einer Riesenleinwand den Gottesdienst draußen live miterleben. Trotz der hohen Baukosten von 25 Millionen Dollar wurde zur gleichen Zeit ein Hospital in einer abgelegenen mexikanischen Dschungelregion finanziert. Mit vielen Millionen Dollar Spenden ermöglichten Gemeindemitglieder, Freunde und Hörer auch die weltweit ausgestrahlten Fernsehgottesdienste. Außerdem hielten Hunderte ehrenamtliche Gemeindemitarbeiter rund um die Uhr die von Schuller ins Leben gerufene Telefonseelsorge „New Hope Line" aufrecht. Manchmal gingen nach einem Gottesdienst allein in den USA bis zu 60.000 Briefe ein.

Sieh nicht auf deine Mängel, sondern auf deine Möglichkeiten

Wie ist Robert Schuller, der auf einer Farm in Alton (Iowa) geboren wurde, auf die Idee gekommen, Pfarrer zu werden? Es war sein Onkel Henry, ein China-Missionar, der dem Vierjährigen bei einem Besuch sagte: „Wenn du groß bist, wirst du ein Prediger sein." Diese Worte ließen ihn fortan nicht mehr los, und er betete jeden Abend 20 Jahre lang bis zu seiner Ordination um die Erfüllung seines Wunschtraums. Wie hatte Onkel Henry doch immer gesagt: „Wenn du davon träumen kannst, dann kannst du es auch tun."

In seiner Jugendzeit fesselten Robert Schuller die Bücher „Wie man Freunde gewinnt" von Dale Carnegie und „Die Kraft positiven Denkens" von Norman Vincent Peale, der sein väterlicher Freund wurde. Peales Impulse begeisterten und motivierten ihn. Der Weltbestseller-Autor hatte herausgefunden, dass alle biblischen Verheißungen positiv sind. Einer von Peales biblischen Schlüsselversen heißt: „Alle Dinge werden denen zum Besten dienen, die Gott lieben" (Römer 8,28). Sein biblischer Leitspruch lautete: „Ich vermag alles durch den, der mich mächtig macht, Christus" (Philipper 4,13).

Das inspirierte den jungen Theologen: „Als ich anfing, das Evangelium mit dieser neuen Geisteshaltung zu lesen, entdeckte ich, dass Jesus selbst einen positiven Stil bevorzugt hat. Er wollte den Menschen heilen und nicht verdammen. Als Christi Botschafter wollte ich mehr wie ein Arzt in der Notaufnahme eines Krankenhauses sein oder wie der gute Samariter, der sich um den Verwundeten im Straßengraben kümmert und ihn wieder auf die Beine stellt. Jesus hat sich nicht auf die Schwächen der Menschen, sondern vor allem auf ihre Stärken konzentriert, nicht auf ihre Mängel, sondern auf ihre Möglichkeiten."

Großen Einfluss auf seine Glaubenseinstellung hatte auch der Psychologieprofessor Viktor Frankl, der auch dreimal in seiner Kirche gesprochen hat.

Als Schuller den weltberühmten Psychiater als Student das erste Mal traf, fragte er ihn, was für ihn die wichtigste Wahrheit der menschlichen Existenz sei. „Nun, mein Freund", antwortete Frankl, „für Sigmund Freud war es der Wille zur Lust, für Alfred Adler der Wille zur Macht und für mich ist es der Wille zum Sinn." Für Schuller hängt die Sinnverwirklichung auch mit der Würde des Menschen zusammen, wie es in Psalm 8,6 heißt: „Ich habe dich mit Ehre und Herrlichkeit gekrönt."

Gib nicht auf, denn mit Gott ist alles machbar

Mich interessierte, wie der Pfarrer zu seiner Philosophie des Möglichkeitsdenkens gekommen war. Dazu führte er aus: „Als junger Pfarrer wurde ich depressiv und geriet in einen Strudel negativen Denkens, das mit der Wirklichkeit nur noch wenig zu tun hatte. Ich fühlte mich von allen Menschen verlassen und unverstanden, selbst von meiner Familie. Von Albträumen geplagt wachte ich nachts schweißgebadet auf und wollte nicht mehr leben. Ich betete: ‚Jesus, wenn du wirklich lebst, dann heile mich, bevor es zu spät ist.' Dann geschah etwas Erstaunliches. Ich hatte das körperliche Gefühl, dass ein Finger durch meine Schädeldecke in mein Gehirn eindringen und sich wieder zurückziehen würde – und zugleich verschwanden all meine Unsicherheit, Angst, Depression und Finsternis. Noch in derselben Nacht verfasste ich mein Glaubensbekenntnis als Möglichkeitsdenker:

Stehe ich auch vor einem Berg, ich werde nicht aufgeben!

Ich werde mich weiter bemühen, bis ich über ihn hinweggeklettert bin. Ich werde einen Weg um ihn herum finden, ihn untertunneln oder ich werde einfach bleiben und den Berg zu einer Goldmine machen, mit Gottes Hilfe."

Wo andere aufgeben, macht der Möglichkeitsdenker immer noch einen neuen Versuch, um voller Zuversicht irgendwann und irgendwie neue Möglichkeiten auszuloten; denn der Glaube, der Berge versetzt, gibt uns die Kraft durchzuhalten und das Ziel im Auge zu behalten, wenn übermächtiger Druck uns zu besiegen droht.

Wenn sich der Berg der Hindernisse und Schwierigkeiten trotz all unserer Bemühungen nicht bewegt, bleibt für den Glaubenden nur die Kapitulation, loszulassen und mit Jesus zu beten: „Nicht mein, sondern dein Wille geschehe." In der Hingabe an Gottes Willen findet der Glaube die Kraft, Berge zu überwinden.

Verleihe deinem Wunschtraum Flügel

In Verbindung mit dem Bergsymbol sprach Schuller vom Gipfelerlebnis, das er für besonders wichtig halte. „Ein Gipfelerlebnis ist eine positive Erfahrung", führte er aus. „Es fördert unsere Selbstbestätigung und baut unsere Selbstachtung auf. Es ermöglicht uns ein Aussichtserlebnis, das unser Blickfeld vergrößert und uns zeigt, wozu wir fähig sind. Wir brauchen einen Ausblick in die Zukunft, um Hoffnung für morgen zu gewinnen."

Robert Schuller mit Günther Klempnauer und seiner Frau

Der Mensch sei ein einzigartiges Geschöpf, das Gott mit unglaublichen Talenten, Möglichkeiten und Herausforderungen beschenkt habe, betonte er. Deshalb bräuchten wir einen Traum, eine Vision für unser Leben.

Dann zitierte er die Verheißung Jesu: „Wenn du auch nur einen Glauben von der Größe eines Senfkorns hast, dann kannst du zu einem Berg sagen: ‚Beweg dich!‘, und er wird sich bewegen (Matthäus 17,20)." In seinen Predigten appellierte er an die Zuhörer: „Entdecke Gottes Plan für dein Leben! Verleihe deinem Traum Flügel, auch wenn er dir zunächst unmöglich erscheint. Verknüpfe diesen Traum mit konkreten Plänen, gib ihm deine Stimme und stelle ihn auf die Füße. Lass andere Menschen daran teilhaben, denn du bist auf ihre Hilfe angewiesen. Manchmal wirst du belächelt, und dein Traumziel droht zu scheitern. Halte dennoch an Gottes Plan fest."

Erkenne den Plan Gottes für dein Leben

Wie ein Mensch den Plan Gottes für sein Leben erkennen kann, erläuterte der Seelsorger wie folgt: „Beginne deinen Traum, indem du dein Leben in den Dienst deines Schöpfers stellst. Wir sind nicht Inhaber unserer Träume, sondern nur deren Steuermänner. Es liegt in unserer Verantwortung, Gottes Idee anzunehmen und sie voll zu verwirklichen. Um Gottes Traum für dein Leben nicht mit selbstsüchtigen Wunschvorstellungen zu verwechseln, solltest du dir drei wichtige Fragen stellen: Wird durch diesen Traum Gott verherrlicht? Kann ich damit Not leidenden Menschen helfen? Könnte ich mit diesem Ziel unserer Gemeinschaft und der Welt dienen? Wenn du diese Fragen bejahen kannst, bist du auf dem Weg zu einem Gipfelerlebnis.

Wenn Gott mir eine neue Vision oder ein neues Ziel ins Herz legt, entwickle ich zunächst einen Plan für seine Verwirklichung: Ich befrage Menschen, aber vor allem Gott und warte auf das Licht seiner Weisheit, bis es meine Gedanken erleuchtet, mein Verhalten bestimmt und mich auch in meinen Gefühlen leitet. So verläuft das Leben im ständigen Gebet, und Visionen werden Wirklichkeit."

Sei ein Lückenfüller und Wegverbesserer

Als ich Robert Schuller 1988 erstmals in der Yoido Full Gospel Church in der südkoreanischen Hauptstadt Seoul traf, wo er einen Vortrag über Weltmission hielt, brach er unser Gespräch abrupt ab, denn Ronald Reagan hatte ihn soeben angerufen und ins Weiße Haus gebeten. Lakonisch verabschiedete sich der stolze Amerikaner von mir: „Wenn der Präsident mich ruft, muss ich so schnell wie möglich auf seiner Matte stehen."

Ich fragte ihn zehn Jahre später, wie sein Verhältnis zu den US-Präsidenten sei. „Ich bin allen noch lebenden amerikanischen Präsidenten begegnet", sagte er nicht ohne Stolz. „Aber haben Sie bitte dafür Verständnis, dass ich in der Regel öffentlich nicht darüber rede. Auf meiner Kanzel kommen grundsätzlich keine politischen Kontroversen zur Sprache. Aber eine Begegnung mit dem ehemaligen Präsidenten Bill Clinton kann ich Ihnen erzählen: Anlässlich der Einführung in seine zweite Amtsperiode war ich am 18. Januar 1997 ins Weiße Haus eingeladen und überreichte Clinton als Geschenk meinen liebsten Bibelvers Jesaja 58,12: ‚Man nennt dich: „Der die Lücken zumauert und die Wege ausbessert, dass man da wohnen kann."' Hillary Clinton gesellte sich zu uns, und Bill bat mich, diesen Vers noch einmal zu wiederholen und ihn aufzuschreiben. Als der Präsident bald darauf den Amtseid über der aufgeschlagenen Bibel schwor, ruhten seine Hände auf Jesaja 58,12. Später schrieb er mir, er habe auf dem Weg zur Amtseinführung mit dem Regierungssprecher und einigen Senatoren sehr angeregt über diesen Bibelvers gesprochen."

Lächle, es ist der Anfang des Friedens

Zu seinen prominenten Gästen im Gottesdienst gehörte auch Mutter Teresa, die wiederholt von ihrer Arbeit unter den Ärmsten der Armen berichtete. Mit ihr fühlte er sich besonders verbunden, wie ich von ihm erfuhr: „Als wir uns 1982 begegneten, bat sie mich um eine Kopie der Segensworte zum Bau der Crystal Cathedral: ‚Herr, mache mich zu einem Fenster, durch das dein Licht scheinen kann, zu einem Spiegel, der deine Liebe auf alle reflektiert, denen ich begegne.' Dann bat ich Mutter Teresa um einen Zuspruch für meinen Dienst. Sie sagte: ‚Seien Sie ganz und gar für Jesus da, ohne sich von ihm bitten zu lassen.' Auch Papst Johannes Paul II. hat anlässlich einer Audienz meinen Traum von der Crystal Cathedral gesegnet.
Auf Wunsch Bill Clintons gehörte ich zur Delegation des amerikanischen Präsidenten, die an den Beerdigungsfeierlichkeiten Mutter Teresas teilnahm. Direkt vor dem Flughafen in Kalkutta sah ich auf einer Anzeigetafel ein Foto von Mutter Teresa. Darunter standen ihre Abschiedsworte an die Welt: ‚Lächle, es ist der Anfang des Friedens.' Ich erinnerte mich an eine Begegnung mit ihr. Sie dankte für meine Arbeit, und ich stammelte: ‚Ich bin nichts im Vergleich zu Ihnen. Sie retten die Hungernden und Sterbenden. Meine Kritiker sagen, ich lächle bloß und gebe den Leuten ein gutes Gefühl.' Daraufhin erwiderte sie: ‚Ich rette Menschen, die körperlich sterben. Sie retten Menschen, die emotional im Sterben liegen.' Und dann sagte sie zu mir: ‚Das Lächeln ist der Anfang des Friedens.'"

Durch seine Fernsehgottesdienste suchten auch immer mehr Führungspersönlichkeiten aus Politik, Wirtschaft, Kultur und Sport Pfarrer Schullers seelsorgerlichen Rat. Als er den Schauspieler Glenn Ford traute, öffneten sich ihm die Türen nach Hollywood. Zu seinen ersten Gesprächspartnern gehörten Frank Sinatra und Doris Day. Nach dem Tod von John Wayne, dem legendären Cowboyhelden von Hollywood, erzählte ihm dessen Tochter: „Als mein Vater krebskrank im Bett lag und Ihren Gottesdienst im Fernsehen sah, hat er sich nach Ihrem Aufruf zur Entscheidung hingekniet und Jesus als seinen Erlöser angenommen."

Mach aus Tränen Edelsteine

Robert Schuller hatte nicht nur einen Platz an der Sonne. Auch an seiner Familie ist der Leidenskelch nicht vorübergegangen. Seine Ehefrau Arvella erkrankte an Krebs. Er selbst musste sich als 64-Jähriger in einem Amsterdamer Krankenhaus einer komplizierten Gehirnoperation unterziehen. Seine Tochter Carol verlor durch einen schrecklichen Verkehrsunfall ihr linkes Bein. Als der trostbedürftige Vater an ihrem Krankenbett saß, sagte sie zu ihm: „Papa, ich glaube, ich weiß, warum es geschah. Ich habe wohl die Aufgabe, jene Menschen zu trösten, die das gleiche Schicksal erlitten haben. Wie hast du doch immer gesagt: ‚Aus Schwächen werden Stärken' und ‚Aus Tränen werden Edelsteine'."
In den folgenden Wochen erhielt sie Anrufe und

Telegramme von Freunden wie John Wayne, Frank Sinatra, Präsident Carter und Senator Edward Kennedy. Am meisten bedeutete ihr der Brief von Dr. Samoni, der sie als Notarzt im Krankenwagen versorgt und ihr Leben gerettet hatte. Er schrieb: „Carol, ich werde nie vergessen, was ich von dir gelernt habe, als du sagtest, du würdest leiden, damit du die Leiden anderer lindern könntest." Christus hat sich in unser Leid durch seinen Kreuzestod hineingestellt. Von dem überwältigenden Symbol des Kreuzes strahlt Hoffnung auf Erlösung aus. Ein grauenvolles Minus ist zu einem strahlenden Plus geworden. Das durfte auch Carol erfahren.

Als sie nach acht Monaten ihre Prothese bekam und schwankend ihren ersten Schritt machte, freute sie sich, als sie eine ganze Minute lang auf ihrem künstlichen Bein stehen konnte. Dies war für sie ein Gipfelerlebnis, das zu neuen Hoffnungen, neuen Träumen und neuem Glauben führte, denn sie war bereit, weiter zu klettern und höher zu steigen. Im Jahr 1984 trat Carol als Skiläuferin bei den nationalen Behindertenmeisterschaften an und gewann den zweiten Platz in der Abfahrt sowie jeweils den dritten Platz im Slalom und Riesenslalom.

Lass dich von Gott ansprechen

Weltweit haben viele Tausend Menschen neuen Lebensmut durch die Fernsehgottesdienste von Pfarrer Dr. Schuller bekommen. Einer von ihnen ist mein Freund Bill Holler, der einen tödlichen Autounfall herbeiführen wollte, damit seine Familie von der hohen Versicherungssumme seine Schulden hätte bezahlen können. Sein Geschäftspartner hatte ihn finanziell ruiniert, und er wollte nicht mehr weiterleben. In der Karwoche 2001 war der „Todesfahrer" mit seinem Audi A8 in Deutschland unterwegs, um einen Lastwagen von hinten zu rammen. So wollte er den Versicherungsfall vortäuschen, damit die Lebensversicherung in Höhe von einer Million Euro seinen Hinterbliebenen ausgezahlt würde.

Am Karsamstagnachmittag saß er völlig übermüdet und verzweifelt immer noch hinter seinem Steuerrad, als blitzartig ein Bild vor seinen Augen auftauchte. Bill Holler sah sich in seinem Zimmer des Riverview-Hotels in Tiffin (Ohio), wo er vor 25 Jahren am Sonntagmorgen einen Fernsehgottesdienst miterlebt hatte. Pfarrer Schuller predigte im TV über das Thema: „Halte in schwierigen Zeiten durch, denn Gott ist mit dir." Die unerträglichen Todesängste, an denen Bill auf der Autobahn litt, wurden plötzlich ausgeblendet. Als ob der begeisterte Fernsehprediger direkt vor ihm stünde, hörte er nach 25 Jahren wieder seine tröstenden Worte: „Wirf dein Leben nicht weg. Gott ist bei dir und will dich mit seiner Liebe umgeben."

Bill stoppte augenblicklich seinen Todeskurs und steuerte einen Parkplatz an. Gottes Gegenwart umgab ihn und beschenkte ihn mit der Gewissheit, dass Gott alles gutmachen würde. Wie neu geboren fuhr er zurück nach Hause und beichtete seiner Familie sein selbstmörderisches Vorhaben. Am darauffolgenden Ostersonntag feierte Bill Jesu Auferstehung und seine eigene Auferstehung.

Seine Schulden sind heute längst abbezahlt und der Unternehmensberater, der mit seiner Ehefrau Annett in Nürnberg lebt, genießt international hohes Ansehen. Seit 2019 ist er Vorsitzender der Gesellschaft zur Ausbreitung des Evangeliums e.V. Außerdem ist er Vorsitzender des AIRTEC-Beirats (München) und des DIN-Normen-Ausschusses Luft und Raumfahrt (Berlin) sowie Gesellschafter der Industrio GmbH (Neumarkt) und Chairman der ASD-STAN (Brüssel). Für seine Aktivitäten als Experte für Luftfahrt-Aktivitäten hat er in China die für einen Ausländer höchsten Auszeichnungen bekommen.

Nachdem ich diese Zeilen geschrieben hatte, rief ich im Februar 2020 meinen Freund an. Bill erklärte mir, wie er rückblickend das dramatische Erweckungserlebnis deutet: „Der Gedanke, dass Jesus bei mir war, als ich meinem Leben ein Ende setzen wollte, ließ mich umkehren und mutig den Neuanfang wagen.

Aus diesem Neuanfang ist mit Gottes Hilfe ein neues, glückliches Leben geworden. Aus Verzweiflung wurde Glück und Zuversicht. Und heute kann ich bei meinen vielfältigen Aufgaben anderen Menschen ein lebendes Beispiel sein, dass Jesus uns nicht im Stich lässt, wenn wir ihn nur rufen und uns mit seiner Hilfe in seinen Dienst stellen lassen."

Leg deine „Talente"
gewinnbringend an

Du bist mit wunderbaren Talenten ausgestattet, die du auch nach dem Willen deines Schöpfers ausleben sollst. Jeder Mensch hat einzigartige Fähigkeiten, die sich von anderen unterscheiden. Wichtig ist für dich herauszufinden, wo deine Begabungen liegen. Zu diesem Ergebnis kommt auch eine weltweite Befragung von über zwei Millionen Menschen durch das Gallup-Institut über einen Zeitraum von fast vierzig Jahren. Jeder Mensch hat individuelle Begabungen, die er bei sich entdecken, entwickeln und dann nutzen sollte. Die größte Entwicklungschance liegt in der Konzentration auf die eigenen Stärken. Untersuchungen haben gezeigt, dass Menschen ihre Effizienz und Produktivität verdoppeln, ja sogar verdreifachen können, wenn sie sich ihrer Stärken bewusst sind und sie einsetzen. Dadurch entsteht ein Gefühl der Verantwortung für die eigene Leistung.

Geh verantwortlich mit deinen Talenten um

Worauf es ankommt, erzählt Jesus in dem Gleichnis von den Talenten (s. Matthäus 25,14–30): Ein vermögender Unternehmer vertraut seinen Verwaltern ein großes Kapital an, das sie während seiner langen Abwesenheit gewinnbringend anlegen sollen. Dem einen gibt er fünf Talente (1 Talent liegt aktuell bei ca. 20.000 Euro), einem anderen zwei Talente und dem dritten eins, entsprechend ihren Fähigkeiten. Danach reist er ab. Nach vielen Jahren kehrt er wieder zurück. Er ist hocherfreut über die beiden Verwalter, die ihre Talente in dieser Zeit verdoppelt haben. Der Mann mit dem einen Talent konnte damit jedoch nichts anfangen und rechtfertigt sich: „Ich hatte Angst, das Geld bei Geschäften zu verlieren. Darum habe ich es lieber sicher aufbewahrt."

Mit psychologischer Treffsicherheit entlarvt der Unternehmer den faulen Menschen, der andere für sein Versagen verantwortlich macht: „Du bist ein schlechter Verwalter. Warum hast du mein Vermögen nicht wenigstens bei einer Bank angelegt? Dort hättest du es mit Zinsen zurückbekommen."

Dagegen lobt der Unternehmer die anderen beiden Verwalter, die ihre Talente verdoppelt haben, und lädt sie zu seinem Fest ein: „Ihr wart treu und zuverlässig. In kleinen Dingen seid ihr tüchtig gewesen, darum werde ich euch Größeres anvertrauen."

Bleib nicht hinter deinen Möglichkeiten zurück

In dem Gleichnis fordert Jesus uns auf, unsere Begabungen vollständig zu entfalten und nicht in Befürchtungen und Bequemlichkeiten stecken zu bleiben. Das Talent war die damalige gängige Währung, aber natürlich können wir Talent mit Begabung gleichsetzen. Das Talent ist der eigentliche Reichtum des Menschen. Wir haben nicht alle dieselben noch das gleiche Ausmaß an Talenten, aber wir sind alle aufgerufen, unser Potenzial zu entwickeln und nicht zu vergraben. Sonst verpassen wir das Leben.

Für das von Jesus geforderte Tun wird ein Höchstmaß an Entschlossenheit, Beharrlichkeit und Zielstrebigkeit verlangt. Im Gleichnis handeln die Verwalter wohl auf Vertrauensbasis, aber zugleich auch unter dem Druck der Verantwortung. Beides ist notwendig, damit ein Mensch zu schöpferischem Tun in Bewegung gesetzt wird. Bei dem dritten, versagenden Verwalter fehlt es an beidem, an dem nötigen Druck, der zum Handeln treibt, wie am Vertrauen. Darum kommt es zu keinem Erfolg, sondern zu einer Katastrophe. Ihm wird sogar noch das Wenige weggenommen, was er hat.

Was will uns das Gleichnis sagen? Jeder von uns wird mit einem „Vermögen" an Talenten geboren, das wir in freudiger Verantwortung und im Vertrauen auf Gott gewinnbringend anlegen sollen. Nehmen wir dieses einzigartige Geschenk dankbar an und nutzen wir unsere Chance!

Teile deine Stärken mit anderen Menschen

Ein Mensch, der mich sehr beeindruckt hat, weil er sich seiner Stärken bewusst war und sie voll ausschöpfte, war der tschechische „Athlet des Jahrhunderts" Emil Zátopek. Ich traf den größten Langstreckenläufer aller Zeiten bei den Olympischen Spielen 1972 in München, wo er Ehrengast war. Auf seine hinreichend bekannte Hilfsbereitschaft und Zielstrebigkeit angesprochen, sagte er: „Es war immer mein

Wunsch, mir selber und anderen zu beweisen, was ich leisten kann. Als Sportler fühlte ich mich wie im Theater. Schauspieler bieten ihre Künste dar, und die Zuschauer freuen sich daran. Ein wunderbares Wechselspiel. Man möchte etwas bekommen. Aber viel höher ist der Einsatz meiner Fähigkeiten als Dank an meinen Schöpfergott einzuschätzen."

Erfolg war für den „Botschafter des Sports" ein Geschenk Gottes mit der Verpflichtung, seine Fähigkeiten und Möglichkeiten voll auszuschöpfen und sie in den Dienst seiner Mitmenschen zu stellen. Seinen Mut bewies der gläubige Katholik bei den Olympischen Spielen 1952 in Helsinki, wo er seine Teilnahme davon abhängig machte, dass sein regimekritischer Sportkamerad auch mitfahren durfte. Was dann in Helsinki passierte, erzählte mir der damals heimlich verehrte „Volksheld" der Tschechoslowakei: „Nun, ich war ein schwarzes Schaf in meinem Land. Zum Glück wurde ich auf der Olympiade gesegnet. Ich war sehr erfolgreich. Olympiasieger im 5.000-Meter-Lauf, Olympiasieger im 10.000-Meter-Lauf und Olympiasieger im Marathonlauf, den ich vorher noch nie gelaufen war. Stolz war ich nicht, aber sehr froh darüber, dass mein junger Sportkamerad in Helsinki starten konnte."

Sein Beispiel zeigt, wie man als Christ sein Talent nicht nur für sich, sondern auch zum Wohl anderer Menschen einbringen kann.

So hat jeder von uns seine Talente von Gott bekommen. Begabungen, die wir nicht nutzlos liegen lassen, sondern gewinnbringend anlegen sollen, zu unserer eigenen Persönlichkeitsentfaltung, aber auch zum Wohl unserer Mitmenschen.

Marie Mauritz / Sr. Mia Noel (*1983)

Wie ein Wiener Partygirl sein Glück im Orden Mutter Teresas fand

Die Österreicherin genoss in jungen Jahren das Leben in vollen Zügen. Nach dem Abitur ging sie nach Guatemala, wo sie sich in einen heißblütigen Südamerikaner verliebte. Als Marie herausfand, dass er sie mit anderen Frauen betrog, verzweifelte sie fast. Im Sterbehaus von Mutter Teresa in Kalkutta fand die junge Frau schließlich ihren Seelenfrieden. Sie trat in den Orden der Missionarinnen der Nächstenliebe ein und heißt heute Schwester Mia Noel.

„Es war einmal mitten im Winter, und die Schnee-flocken fielen wie Federn vom Himmel herab", so beginnt das Märchen von Schneewittchen und den sieben Zwergen. Es war mitten im Winter im ver-schneiten Wienerwald bei den 96 Zisterziensermön-chen im uralten Stift Heiligenkreuz. Hier erwarte-te ich die 27-jährige Marie Mauritz, die auch sehr schön ist, wenn auch nicht – wie Schneewittchen – die „Schönste im ganzen Land". Wie die Märchen-prinzessin, so musste auch Marie vor ihrem *Happy End* schwere Zeiten durchleben. Beide verliebten sich in einen „Königssohn". Während Schneewitt-chen in ein Schloss einzog, entschied sich Marie für das Sterbehaus von Mutter Teresa in Kalkutta.

Ich traf das ehemalige Partygirl im Kreuzgang des ehrwürdigen Klosters, wo wir zunächst bei klirren-der Kälte einige Runden drehten, sozusagen unse-re ersten gemeinsamen Gehversuche machten. Die charmante Wienerin hatte strahlende Augen und trug ihre blonde Haarpracht zu einem kunstvollen Zopf geflochten. Die bewegenden Worte ihrer Bot-schaft sprudelten nur so aus ihr heraus. Ihre Leiden-schaft zog mich in ihren Bann und machte mich neugierig, ihrem Lebens- und Glaubensgeheimnis auf die Spur zu kommen. Draußen schneite es und es war ungemütlich kalt, deshalb setzten wir unser anregendes Gespräch im geheizten Klostergewölbe fort. Hier kam es zu einer überraschenden Begeg-nung mit Pater Johannes Paul, der im Stift Heiligen-kreuz zu Hause ist. Der Mönch und die angehende Ordensfrau feierten ein unerwartetes Wiedersehen, denn beide hatten dieselbe Schulklasse in Wien besucht und sich nach all den Jahren viel zu erzählen. Aber das ist wieder ein anderes Märchen.

Der Zisterzienserpater plauderte aus, dass Marie zu Schulzeiten alles andere als ein frommes Mädchen gewesen war. Als Partygirl ließ sie keine Fete aus. „Alles andere als katholisch?", fragte ich sie. Marie erwiderte, sie sei zwar katholisch aufgewachsen. Ihre Mutter habe auch mit ihr gebetet und sie zur heiligen Messe mitgenommen. Als Teenager habe sie sich jedoch nicht mehr für Gott interessiert, denn er habe sich ihr nie vorgestellt.

Hinter jeder Sucht steckt eine Sehnsucht

Als junges Mädchen habe sie das Leben genießen wollen, und der Alkohol sei in Strömen geflossen, gab sie offen zu. „Heute ist es mir selbst ein Rätsel, warum ich diese ausschweifenden Partys als so toll empfunden habe. Vielleicht wollte ich mich hinter dem Alkohol verstecken und nicht wahrhaben, wer ich wirklich bin." Und wie fühlte sie sich, wenn nach dem Rausch die Katerstimmung folgte? „Um nicht ins Grübeln zu kommen, waren meine Gedanken schon bei der nächsten Party, um mich wieder zuzudröhnen", antwortete das Ex-Partygirl. „Manchmal überfiel mich die innere Leere, die von Jahr zu Jahr unerträglicher wurde, wie ein Gespenst, das mich in den Abgrund ziehen wollte. Ich war diesen angstmachenden Monstern in meiner Seele hilflos ausgeliefert. In meinem Leben sah ich keinen Sinn mehr. Wo sollte ich ihn auch finden?"

Nach außen war Marie Mauritz kein Kind von Traurigkeit, aber innerlich schlummerte eine ungestillte Sehnsucht, die sie nicht in Worte fassen konnte. Die Psychologen sprechen von der Sehnsucht nach Anerkennung, Geborgenheit und Freiheit. Es war vor allem ihr Freiheitsgefühl, das sie drängte, dem Alltagsfrust den Rücken zu kehren und eine neue Welt zu entdecken. Und so suchte sie nach dem Abitur ihr Glück in Guatemala.

Prüfe, an wen du dich bindest

Nur ungern erinnerte sich Marie an das Abenteuer in Südamerika: „Ich wollte spanisch lernen und die Kultur des Landes studieren. Das wilde Partyleben ging weiter. Hals über Kopf verliebte ich mich in Santiago, einen heißblütigen Südamerikaner, mit dem ich drei Jahre zusammen war."
Zwischenzeitlich kehrte sie nach Wien zurück und begann eine Krankenschwesterausbildung. Mit dem Mann ihres Lebens traf sie sich zu Weihnachten und im Sommer in Guatemala. Zu ihrem Entsetzen erfuhr sie schon bald, dass sie nicht die einzige Geliebte von Santiago war. Für Marie war es ein Weltuntergang. Ein Jahr lang verging kein Tag ohne Tränen. Sie ertränkte ihren Kummer im Alkohol. Es war gerade die Zeit, als sie sich auf das Krankenschwesterexamen vorbereitete. Tagsüber konnte sie sich in ihrem Pflegeberuf ablenken. Sobald sie aber das Krankenhaus verließ, überfiel sie der untröstliche Liebeskummer. Schweren Herzens trennte sie sich von Santiago, und

der Alkohol wurde ihr einziger Freund. Mit 2,1 Promille Alkohol im Blut erwischte sie die Polizei und ihr wurde der Führerschein entzogen. „Damit war meine Weltuntergangsstimmung perfekt", fasste Marie zusammen. Wider Erwarten bestand sie trotz allem ihr Krankenschwesterexamen und plante eine weitere Weltreise.

Nimm gut gemeinten Rat an

Unmittelbar vor ihrem Selbstfindungstrip in die weite Welt besuchte sie ihr in Shanghai lebender Bruder, der schockiert war über den bejammernswerten körperlichen und seelischen Zustand seiner Schwester. Auf seine Frage, was mit ihr eigentlich los sei, antwortete Marie: „Gar nichts – ich fahre auf Weltreise und lege mich für einen Monat an den weißen Strand der Fidschiinseln." Diese Schnapsidee solle sie vergessen, beschwor sie der Bruder, denn sie und ihr Lover namens Selbstmitleid on tour würden ihren bedrohlichen Zustand nur noch verschlechtern. Sie solle sich vielmehr um das Leid anderer Menschen kümmern, um so über das eigene Leid hinwegzukommen.

„Deine Idee ist blöd", empörte sich Marie, die lieber auf einer Südseeinsel die wilde Natur, den Strand und das Meer genießen wollte. Herausfordernd sagte sie dann: „Sag mir ganz konkret, was ich tun soll." Ihr Bruder, der kein Christ ist, sagte: „Geh nach Kalkutta zu den Missionarinnen der Nächstenliebe und pflege die Ärmsten der Armen."

Obgleich sie schockiert war über die Zumutung, in den indischen Slums zu arbeiten, ließ sie diese Aufforderung einfach nicht los. Marie kann sich bis heute nicht erklären, warum sie ins Reisebüro ging und ihr bereits gebuchtes Ticket auf Kalkutta umschreiben ließ.

Zwei Wochen später landete sie in der indischen Metropole und verfluchte ihren Bruder, als sie sich im Menschengedränge, inmitten von Dreck, Gestank und hupenden Autos wie ein Häufchen Elend fühlte. Gleich am nächsten Morgen beschimpfte sie ihn am Telefon: „Du hast mich in die Hölle geschickt und bist selbst noch nie hier gewesen." Er antwortete: „Schau dir das wenigstens drei Monate an, und wenn es dir gefallen sollte, kannst du noch weitere drei Monate dort bleiben."

Hilf Menschen, die noch schlimmer dran sind als du

Ich hatte vollstes Verständnis für das anfängliche Entsetzen der jungen Österreicherin, weil ich ebenso erschüttert bei meinem Aufenthalt in Kalkutta gewesen bin. Damals interviewte ich Mutter Teresa, die mir einen Besuch in ihrem Sterbehaus ermöglicht hatte. Es liegt in dem Slumviertel, wo die aufopfernde Arbeit unter den Ärmsten der Armen für die Friedensnobelpreisträgerin begann. Im Halbdunkel der nach Männer und Frauen getrennten Krankenhallen liegen auf nebeneinander gestellten Feldbetten die auf den Straßen aufgelesenen, vom Tode gezeichneten Menschen. Nach dem Willen von Mutter Teresa sollen sie hier menschenwürdig sterben können. Ausgemergelte Gestalten, schmerzverzerrte Gesichter, Menschen ohne Arme oder Beine, mit offenen Wunden, aber auch immer wieder mit einem dankbaren Lächeln im Gesicht bestimmen das Bild. Fast hunderttausend Schwerkranke und Sterbende haben bis heute hier ihre letzten Tage und Stunden verbracht, hingebungsvoll gepflegt von barmherzigen Samariterinnen. Warum wollte die seelisch leergebrannte Krankenschwester unbedingt in diesem Sterbehaus arbeiten? Ihre Antwort war eindeutig: „Es war für mich das Grausamste, was ich mir überhaupt vorstellen konnte. Ich habe gedacht, dass nur dieses Elend noch schlimmer als mein eigenes Leid sein kann. In meinen schrecklichsten Fantasien habe ich mir ausgemalt, was mich in diesem Sterbehaus erwarten würde: Todesatmosphäre, Trauer und Schmerz, Schmutz und Gestank, Einsamkeit und Verzweiflung. Vielleicht würde ich angesichts dieser Horroszenarien geheilt, hoffte ich. Vielleicht würde ich über mein eigenes Leid hinwegkommen, wenn ich diese Elendsgestalten an mich heranlassen würde."

Wende dich in deiner Not an Gott

Zu Beginn ihres Dienstes war sie distanziert: „Für mich waren es in den ersten Monaten nur Patienten, die eh schneller starben, als ich mir ihre Namen merken konnte. Medizinische Heilungswunder waren ohnehin unmöglich."

Mit den Missionarinnen der Nächstenliebe wollte die Atheistin nichts zu tun haben. Sie schottete sich privat weitgehend von ihnen ab, weil sie Angst hatte, von ihnen auf Gott angesprochen zu werden. Das Mutterhaus, wo jeden Morgen die heilige Messe gefeiert wurde, betrat sie dann aber doch irgendwann und nahm an einem Gottesdienst teil. Ihr erster Blick fiel auf die Worte „Mich dürstet" (I thirst) unter dem Kruzifix an der Stirnwand. Sie wusste nicht, dass das die letzten Worte Jesu am Kreuz waren. Aber irgendwie fühlte sie sich angesprochen, sie erklärte: „Ich war eine durstige, ausgedörrte Seele und wurde so wütend, weil Jesus meine Gefühle gestohlen hatte. Diese Worte ließen mich Tag und Nacht nicht mehr los, und ich konnte kaum noch schlafen. Als ich wieder in der Kapelle war, schloss ich meine Augen, um diese Worte unter dem Kreuz nicht mehr sehen zu müssen. Aber dann hörte ich den Priester sagen: ‚Jesus dürstet nach deiner Liebe. Gott hat uns den freien Willen geschenkt, mit ihm oder ohne ihn zu gehen. Aber Jesus dürstet nach deinem Ja.' In diesem Moment hat sich mein Herz zusammengezogen, und ich fragte mich: Jesus dürstet nach mir? Wieso nach mir? Und dann sagte ich ihm: Hier sitzen hundertzwanzig Schwestern, die alle ihr Leben für dich geben. Lass mich in Ruh. Ich will damit nichts zu tun haben. Aber in meinem Herzen brannte die Frage: Wie kann das sein, dass er nach mir dürstet, dass er am Kreuz für mich gestorben ist?"

Plötzlich fühlte sich Marie von Jesus berührt und die

Sehnsucht nach seiner Liebe erfüllte ihr Herz. Fortan verpasste sie keine heilige Messe mehr. Hier war der Ort, wo sie sich auf einmal ganz zu Hause fühlte.

Geh an Hilfesuchenden nicht vorüber

Als die zum Glauben erweckte Marie auf den 25. Dezember 2005 zu sprechen kam, strahlte sie wie ein Weihnachtsengel und erzählte: „An jedem Heiligabend nach der Mitternachtsmesse sind Helfer und Ordensschwestern unterwegs zu den Sterbenden auf Kalkuttas Straßen und in den Slums, um tausend warme Decken zu verschenken. Ich war diesmal auch dabei. Die Hilfsaktion muss sehr schnell und leise durchgeführt werden, weil die Decken bei Weitem nicht ausreichen für die Massen von Armen, Kranken und Sterbenden, die unbeachtet irgendwo am Straßenrand schlafend herumliegen. Wenn sie dabei aufwachen, sagen wir: ‚Dies ist ein Geschenk von Jesus.' Im Vorbeigehen legte ich eine Decke über einen halbnackten Mann. Er rief mir hinterher und ich ging zurück, kniete mich vor ihm hin und nahm seinen Kopf in den Arm. Ich schaute in die Augen eines Sterbenden. Wie ein Blitz aus heiterem Himmel durchfuhr es mich: Das ist Christus im Ärmsten der Armen. Gott war mir unmittelbar begegnet!"
Monate vorher habe sie viele Menschen sterben sehen, deshalb konnte sie auch einschätzen, wie krank dieser Mann war. Nur mit einem Lendenschurz bekleidet lag er in einer Pfütze, denn es regnete. Seine Hände waren aufgeweicht. Er wog vielleicht noch

35 Kilo, ein typischer Tuberkulosefall. Ein Skelett, das hilflos am Boden lag. Sie war schockiert über sich selbst, dass sie diesem Menschen nur eine Decke übergeworfen hatte, auch noch in dem Glauben, etwas Gutes getan zu haben. In ihrem Kopf lief der Film ihres bisherigen Lebens ab und sie erinnerte sich: „Wenn in mir etwas Hässliches passiert war, habe ich einfach eine Decke darübergeworfen, habe alles zugedeckt und bin weitergegangen, ohne viel nachzudenken. Mit unserem Krankenwagen haben wir den todkranken Mann ins Sterbehaus gebracht. Im Auto schaute mir der Sterbende so durchdringend in die Augen, wie mich noch niemand angeschaut hatte. Das war ein Blick in die tiefsten Tiefen meiner Seele. Und urplötzlich war mir klar, dass mich da ein anderer anschaute."

Sei empfänglich für Zeichen von Gott

Drei Stunden vorher hatte sie in der Mitternachtsmette zum allerersten Mal seit ihrer Firmung gebetet. Dabei habe sie Jesus gebeten, in ihr Leben einzutreten. Sie wollte auch so glücklich werden wie die Ordensschwestern, die ihr Leben Jesus geweiht hatten. Wörtlich betete sie: „Ich knie zum ersten Mal vor dir nieder. Bitte gib mir ein Zeichen, dass es der richtige Schritt ist. Ich weiß nicht, wie und was ich dazu tun muss. Zwinkere mir vom Kreuz herunter zu, winke mir zu. Ich will dir alles geben, wenn du mich liebst und glücklich machst."
Dieses ersehnte Zeichen seiner Liebe habe sie im

Bruchteil einer Sekunde bekommen, als sie die Hand des sterbenden Mannes ergriff und er sie anschaute. In dieser Nacht sei Jesus in ihrem Herzen geboren worden. Freudestrahlend bekannte sie: „Weihnachten bin ich ein komplett neuer Mensch geworden, habe neue Augen und ein neues Herz geschenkt bekommen. Und ich war nicht mehr nur eine Krankenschwester für Patienten, sondern die Marie für meine Brüder und Schwestern. Ein unglaubliches Erlebnis. Ich schwebte im siebten Himmel, weil ich auf einmal eine Liebe empfand, die ich vorher nie gekannt hatte."

Dieses intensive Glücksgefühl hielt ein halbes Jahr an. Obwohl sie eine Langschläferin ist, konnte sie kaum das Morgengebet und die Eucharistie erwarten. Mit einem gewinnenden Lächeln ging sie durch die Straßen Kalkuttas. Der Hunger nach Gott und der Gemeinschaft mit den Ordensschwestern wurde immer größer. Schließlich wurde die gläubig gewordene Christin gebeten, in einer Veranstaltung ihre beglückenden Erfahrungen als Glaubensermutigung vor den freiwilligen Helfern zu bekennen. Nach ihrem ersten Auftritt habe sie die Bühne weinend vor Freude verlassen.

Lebe deine Berufung

Anderthalb Jahre blieb die neubekehrte Wienerin in Kalkutta. Sie hatte Angst, ihren wiedergefundenen Glauben zu verlieren, wenn sie in ihre alte Umgebung zurückkehren und der Alltag in der österreichischen Heimat sie wieder gefangen nehmen würde. Immer stärker wuchs in ihr das Verlangen, ein Leben lang für die Ärmsten der Armen da zu sein. Freimütig gab sie zu: „Früher träumte ich davon, zu heiraten und Mutter von fünf Kindern zu werden. Jetzt war ich bereit, diese Wunscherfüllung Gott zu überlassen und ihm zu vertrauen, dass er das Beste mit mir vorhat. Nur Gott wollte ich dienen, der mich mit einem großen Frieden beschenkte."

Seit ihrer Bekehrung waren sechs Monate vergangen und die Schmetterlinge im Bauch kamen allmählich zur Ruhe. Aber die Freude und der Friede in Gott bestimmten ihr Leben. Das Sinnlosigkeitsgefühl und die depressiven Phasen wichen für immer einem Geborgenheitsgefühl, das alle Ängste verschwinden ließ. Marie wurde eine eifrige Bibelleserin und tauschte sich mit dem Priester und den Schwestern über ihren gemeinsamen Glauben aus. Gern erinnerte sie sich an diese intensive Lebensphase: „Ich war wie ein Schwamm, ich wollte alles aufsaugen, was mir der christliche Glaube zu bieten hat, und konnte nicht genug bekommen." Es war für die junge Frau nur folgerichtig, dass sie 2007 die freudige Entscheidung traf, ins Kloster einzutreten.

Nimm auch leidvolle Herausforderungen an

Voller Erwartung trat die angehende Nonne ihr Noviziat an, die Ausbildungszeit und die Vorberei-

P. Johannes Paul mit Sr. Mia Noel im Stift Heiligenkreuz

tung auf die zeitlichen Ordensgelübde. Zwei Jahre lang war sie in Häusern für die Ärmsten der Armen in Sizilien, Neapel und Rom tätig. Dann bekam sie körperliche Beschwerden, besonders beim Sitzen und Gehen, und es wurde immer schlimmer. Ihre Hände fingen auch an zu schmerzen. Die Ärzte diagnostizierten eine genetisch bedingte Erkrankung. Marie war verzweifelt und musste sich mehreren schmerzhaften Operationen unterziehen. In diesem bedauernswerten Zustand lernte ich sie kennen. Ihre Arme waren noch verbunden, und sie wusste nicht, ob sie ihre Ausbildung würde fortsetzen können. Wie sie mit dieser schlimmen Krankheit umging, gestand sie mir: „Vor vier Tagen hatte ich meine letzte Operation. Ich habe im Gebet Gott gefragt, was er mit mir vorhat. Ich muss wohl alle Operationen über mich ergehen lassen – in der Hoffnung, körperlich wieder fit zu werden. Mein Herzenswunsch wäre, wieder in den Orden zurückzukehren. Dann wäre ich überglücklich. Und wenn der Herr es anders beschlossen hat, muss ich auch damit leben."

Lass dich leiten von dem Stern von Betlehem

„Haben Sie eine Vision für Ihr Leben?", fragte ich die leidgeprüfte Novizin, die nicht lange überlegen musste: „Ich möchte immer mehr hineinwachsen in den Glauben an Gott, der mein Retter geworden ist. Mein größter Wunsch wäre, heilig zu werden. Das bedeutet für mich, Gott in seiner Liebe zu uns Menschen immer besser zu erkennen und zu ehren."
Marie ziert an ihrer rechten Hand ein tätowierter Stern. Neugierig, wie ich bin, erfuhr ich von ihr, wie es dazu gekommen war: „Eine Freundin von mir wollte sich einen kleinen Stern an die Hand tätowieren lassen. Ich begleitete sie ins Tattoo-Studio. Als der Tätowierer anfing, das Tattoo zu setzen, zog sie ihre Hand zurück, weil es schmerzte. Wenn sie es nicht mehr machen lassen wolle, müsse sie aber trotzdem den ausgehandelten Preis zahlen, weil er schon alles vorbereitet habe, forderte der Tätowierer. Daraufhin habe ich meine Hand hingehalten, und den Stern setzen lassen. Danach hat es meine Freundin bei sich doch noch machen lassen. Weihnachten ist für mich sehr bedeutsam. Wenn ich den Stern anschaue, denke ich immer an den Stern von Betlehem, wo Jesus zur Welt gekommen ist. Er ist mein Stern geworden."
Spontan fällt mir das bekannte Kirchenlied von

Adolf Krummacher ein: „Stern, auf den ich schaue, Fels, auf dem ich steh, Führer, dem ich traue, Stab, an dem ich geh, Brot, von dem ich lebe, Quell, an dem ich ruh, Ziel, das ich erstrebe, alles, Herr, bist du!"

Seit unserem Gespräch im Stift Heiligenkreuz im verschneiten Wiener Wald sind fünf Jahre vergangen. Die bildhübsche Marie Mauritz ist von ihrer fürchterlichen Krankheit genesen und konnte nach Kalkutta zurückkehren, ihr Noviziat beenden und ihre zeitlichen Gelübde ablegen. Als Ordensschwester trägt sie den Namen Mia Noel und wird 2020 die ewigen Gelübde ablegen. Augenblicklich lebt sie in Marokko und dient als Missionarin der Nächstenliebe den von ihren muslimischen Eltern verstoßenen Mädchen, die unehelich schwanger geworden sind, sowie Sterbenden im neugegründeten Hospiz.

Überlasse dich ganz Gott

Als ich im Februar 2020 Sr. Mia Noel, alias Marie Mauritz, in einem Interview vom Stift Heiligenkreuz auf dem Bildschirm sah, war sie kaum wiederzuerkennen. Nach dem Willen der Ordensgründerin Mutter Teresa trug sie wie eine arme Bengali-Frau einen schlichten weißen Baumwoll-Sari mit drei blauen Streifen, die für Armut, Gehorsam und Keuschheit stehen. Das Kreuz über der linken Schulter symbolisiert, dass für die Missionarinnen der Nächstenliebe der gekreuzigte Heiland der Schlüssel zum Herzen ist. Ein Schleier verhüllt nun die blonde

Haarpracht der gottgeweihten Ordensschwester. Beim Anblick ihres immer noch wunderschönen Gesichts mit den strahlenden Augen fiel mir mein Gespräch mit Mutter Teresa über das Aufnahmeritual der Ordensschwestern ein. Damals wuschen im Innenhof des Mutterhauses Novizinnen ihre Baumwollsaris in einem Wassereimer, ihre einzige Habe neben einer Strohmatratze und einer metallenen Essschale, wenn sie nach sechs Ordensjahren die endgültigen Gelübde ablegen. Sie verpflichten sich zu Armut, Gehorsam und Keuschheit. Das Gelübde der Keuschheit besteht darin, dass sie ihre Herzen Christus weihen: „Ich bin sozusagen mit ihm verheiratet, so wie Sie mit Ihrer Frau", pflegte Mutter Teresa zu sagen. Ihren freien Willen überlassen die Nonnen Christus. Für die Armut entscheiden sie sich, um den Armen auf gleicher Stufe begegnen zu können. Sie versprechen, den Ärmsten der Armen ohne Gegenleistung zu dienen. Mutter Teresa erklärte: „Wir nehmen nichts an, keinen Lohn, keine Unterstützung auf der ganzen Welt. Jede Missionarin der Nächstenliebe gehört zu den Ärmsten der Armen. Was wir den Armen geben, ist für uns gut genug. Wir kleiden uns wie sie. Um die Armen verstehen zu können, müssen wir wissen, was Armut ist."

Wahres Glück ist, Gott nahe zu sein

Das Aufnahmeritual gleicht einer Hochzeitszeremonie nach bengalischer Sitte. Die Schwestern werden ihrem Bräutigam Christus anvertraut. Mutter Teresa sagte: „Berufung ist die Einladung, sich in Gott zu verlieben und diese Liebe unter Beweis zu stellen."

Ich wollte gern wissen, warum die Missionarinnen der Nächstenliebe so fröhlich sind. „Die Quelle unserer Freude ist Jesus", sagte mir eine bildhübsche, junge Inderin. Und Mutter Teresa antwortete: „Was wäre unser Leben, wenn unsere Schwestern nicht heiter wären? Sklavendienst. Freude ist ansteckend. Deshalb sollen meine Schwestern möglichst immer von Freude erfüllt sein, wenn sie zu den Armen gehen."

Im Übrigen sei das Lächeln der Anfang des Friedens. Wiederholt erwähnte Mutter Teresa ihre liebste Bibelstelle aus dem Matthäusevangelium, Kapitel 25, wo Jesus über das Weltgericht spricht und sich mit den Armen identifiziert: „Ich bin hungrig gewesen, und ihr habt mir zu essen gegeben. Ich bin durstig gewesen, und ihr habt mir zu trinken gegeben. Ich bin krank gewesen, und ihr habt mich besucht. Ich bin im Gefängnis gewesen, und ihr seid zu mir gekommen. Was ihr einem meiner geringsten Brüder und Schwestern getan habt, das habt ihr mir getan."

Freudestrahlend kommentierte sie: „Wir haben keinen Grund, unglücklich zu sein. Wir tun alles mit Jesus, für Jesus und an Jesus. Wir hören ihn sagen: ‚Wenn ihr ein Glas Wasser in meinem Namen gebt, so habt ihr es mir gegeben. Wenn ihr ein Kind in meinem Namen annehmt, so habt ihr mich angenommen.'"

Ob die dramatische Lebensgeschichte der Ordensschwester Mia Noel so märchenhaft ist wie die Geschichte von Schneewittchen, die sich in einen Königssohn verliebte und mit ihm im Schloss seines Vaters in Freuden lebte, mag dahingestellt bleiben. Sicher ist: Auch Marie Mauritz verliebte sich in den Sohn des größten „Königs", der sie ein Stück Himmel auf Erden mitten unter den Ärmsten der Armen schauen ließ. Neugeboren als Mia Noel bekennt sie: „Gott nahe zu sein, ist mein Glück."

Sei motiviert, dann kommst du in Bewegung

Wenn du motiviert bist, wirst du aus deinem Leben das Beste machen. Der Motor, der alles in Bewegung bringt, heißt Motivation, abgeleitet von dem lateinischen Verb *motivare*, d. h. bewegen, antreiben. Motivation ist eine Urkraft, die zu allen menschlichen Verhaltensweisen befähigt. Was treibt dich an? Welche Wünsche und Werte bestimmen dein Leben? Motivation umfasst alle Motive eines Menschen, die ihn zu bestimmten Entscheidungen und Handlungen *bewegen*.

Drei grundlegende Motive haben die Motivationsforscher herausgefunden: Leistung, Macht und Freundschaft. Leistungsorientierte Menschen wollen sich selbst perfektionieren. Machtmotivierte wollen sich anderen Menschen überlegen fühlen. Die Freundschaftsorientierten hingegen wollen lieben und geliebt werden.

Werde unabhängig von äußerer Motivation

Motivation entsteht entweder in dir selbst (intrinsische Motivation) oder sie wird von außen angeregt (extrinsische Motivation). Manchmal ist es aber auch eine Mischung aus beidem.

Von innerer Motivation spricht man, wenn dein eigener Wille gefordert ist. Du handelst, weil du erreichen willst, was Freude macht, oder Schmerz vermeiden möchtest. Du willst in einer Sache besser werden oder tust etwas, weil du absolut überzeugt davon bist.

Die innere Motivation entwickelt sich über einen langen Zeitraum und kann von unbegrenzter Dauer sein. Hier findet keine Reizüberflutung statt. Das Energielevel wird von innen heraus bestimmt und ist von äußeren Faktoren unabhängig. Den Erfolg muss man wollen. Innerlich motivierte Leute sind in der Lage, ihre Motivation unabhängig von den Schwankungen von Anerkennung und Belohnung aufrechtzuerhalten.

Die äußere Motivation bezieht sich dagegen auf alle äußeren Einflüsse, die dich motivieren, etwas zu tun. Die äußere Motivation macht dich abhängig von Belohnungen oder Anerkennung von anderen. Du brauchst immer irgendeine Bestätigung von außen, um motiviert zu sein. Andernfalls bist du unmotiviert. Bei Erfolgen werden im Gefühlszentrum des Gehirns – dem limbischen System – positive Emotionen ausgeschüttet. Diese versetzen den Körper in eine Art Rauschzustand. Wir sind leistungsfähiger, glücklicher, zufriedener. Diesen Zustand kennen wir alle: „Wow, ich könnte gerade Berge versetzen!" Ändern sich die äußeren Umstände, dann hat das sofort Auswirkungen auf unsere Emotionen. Bei den Millionen Reizen, denen unser Gehirn stündlich ausgesetzt ist, kann es die äußere Motivation nicht lange aufrechterhalten. Deswegen ist die innere Motivation der äußeren überlegen.

Baue dein Selbst- und Gottvertrauen auf

Vertrauen ist Grundlage aller Motivation. Wir müssen unser Selbstvertrauen stärken. Wer als Kind nicht genügend Liebe erfahren hat, leidet oft unter Minderwertigkeitskomplexen. Laut einer Studie der amerikanischen Harvard-Universität haben wir bis zu unserem 18. Lebensjahr 150.000 negative Botschaften gehört, also rund 20-mal täglich „Nein" in jeglicher Form. Leider scheinen es viele Eltern vorzuziehen, Kinder in ihren Träumen zu begrenzen, statt ihnen Flügel zu verleihen.

Für mich ist die Erkenntnis, dass Gott mich liebt und bedingungslos annimmt, der Schlüssel zur Selbstannahme. Sämtliche Negativbotschaften habe ich durch die Wahrheit Gottes ersetzt: „Ich bin geliebt, ich bin begabt, ich bin einzigartig."

Finde heraus, was dich begeistert

Einer der bedeutendsten Motivatoren war der US-amerikanische Pfarrer und Bestsellerautor Norman Vincent Peale, der von Christus, seinem Erlöser, begeistert war. In seinem in 38 Sprachen übersetzten und zig-millionenfach verkauften Buch „Die Kraft des positiven Denkens" ermutigt er häufiger mit den Worten: „Ich vermag alles durch den, der mich mächtig macht, Christus."

Denselben Bibelspruch aus dem Philipperbrief nannte mir der weltbekannte US-amerikanische Präsidentenberater und Prediger Billy Graham – er hat viele Millionen Menschen für das Evangelium begeistert – auf meine Frage nach dem Geheimnis seiner Ausstrahlungskraft. Der Kirchenvater Augustinus hat schon gesagt: „Du kannst in anderen nur anzünden, was in dir selber brennt."

Begeisterung und Hingabe sind der beste Brennstoff für ein erfolgreiches Handeln. Wer begeistert ist, entwickelt enorme Ausdauer. Ohne Begeisterung ist noch nie etwas Großes geschaffen worden. Es ist von entscheidender Bedeutung herauszufinden, was deine eigene Motivation anfeuert. Wenn aber Ziele, für die wir uns begeistern, keinen tieferen Sinn haben, sondern nur der eigennützigen Bedürfnisbefriedigung dienen, dann wird auch die beste Motivation wie eine Seifenblase zerplatzen.

Umgib dich darum mit Menschen, die dich inspirieren, die Vision für dein Leben zu erkennen und deine Talente zu entfalten. Lass dich dabei wie Josua von Gott motivieren: „Sei mutig, stark und entschlossen. Lass dich nicht einschüchtern und hab keine Angst. Denn ich, der Herr, dein Gott, bin bei dir, wohin du auch gehst" (Josua 1,9).

Torsten Hartung (*1962)

Wie ein Mörder zum Menschenretter wurde

Der Bandenchef tötete einen Menschen und saß insgesamt 22 Jahre hinter Gittern, fünf davon in Einzelhaft. Nach der Strafverbüßung begann er ein neues Leben und gibt mit seinem Verein „Maria hilf-t e.V." anderen jungen Häftlingen eine zweite Chance.

Der verurteilte Kriminelle ist ein barmherziger Samariter geworden. Torsten Hartung hatte einen der größten Autoschieberringe Europas aufgezogen, Geschäfte mit der Mafia gemacht, sich Verfolgungsjagden mit der Polizei geliefert und schließlich einen „Verräter" aus seiner Bande ermordet. Im Gefängnis, am Tiefpunkt seines Lebens, begann er, sich mit sich selbst und Gott auseinanderzusetzen, und wurde vom Saulus zum Paulus. Seine Vision, entlassenen jugendlichen Straftätern bei der Resozialisierung zu helfen, hat sich erfüllt. 2012 kaufte das Bonifatiuswerk ein geräumiges Haus in Frohburg nahe Leipzig, in dem er zusammen mit seiner südkoreanischen Ehefrau Claudia ehemalige Häftlinge betreut.

Als mich Torsten Hartung in Siegen besuchte, erkannte ich eine Persönlichkeit, die Souveränität und Willensstärke ausstrahlte. Als ich ihn später nach seinem Intelligenzquotienten fragte, kam ein IQ von 130 heraus. Diesen geistigen Scharfsinn bewies der begeisterte Christ auch in unserem aufschlussreichen Gespräch.

Stell dich deiner Lebensgeschichte

Torsten Hartung hat viel über sich und seine Taten nachgedacht: „Ich war fünf Jahre in Einzelhaft, habe wie ein Hund gelitten und mich gefragt, wie ich so tief fallen konnte. Ich habe mich auf den Weg gemacht und Antworten in meiner Lebensgeschichte gesucht und gefunden. Am Ende dieser dramatischen Reise in mein Inneres stand nicht nur die Täterschaft meiner Eltern mir gegenüber, sondern meine eigene Täterschaft, die ich dann soweit aufgedröselt habe, dass im Endeffekt die Erkenntnis übrig geblieben ist, dass ich in meinem Leben keinem bösartigeren Menschen begegnet bin als mir selbst."

Seine Eltern gaben Torsten unverblümt zu verstehen, dass sie ihn „eh nie gewollt" hätten. Wenn sich seine Mutter mit seinem Vater stritt, gab sie ihrem Sohn die Schuld und drohte, sich umzubringen: „Sie drehte den Gashahn auf, den ich im letzten Augenblick wieder zudrehen konnte", erzählte er. „Dafür ohrfeigte sie mich. Dann rannte sie auf den Dachboden und schrie: ‚Ich häng mich auf, und du bist schuld!' Als ich das Seil um ihren Hals durchschneiden wollte, hinderte sie mich daran und sagte, die Wäscheleine gehöre den Möllers. Da war mir klar, dass sie mir nur Angst und ein schlechtes Gewissen einflößen wollte. Meine Mutter beschwerte sich bei meinem Vater für mein angeblich ungebührliches Verhalten. Dafür wurde ich von ihm auch noch verprügelt. An diesem Tag verlor ich das Vertrauen zu meiner Mutter."

Projiziere deine Hassgefühle nicht auf andere

Die ersehnte Anerkennung holte sich Torsten in der Schule. Er war ein kleiner, schmächtiger Junge, der in den Schulpausen ständig verprügelt wurde. Mit zehn Jahren legte er die Opferrolle ab, wehrte sich zum ersten Mal erfolgreich und entwickelte sich zum gefürchteten Schläger. Dadurch wurde er von seinen Mitschülern respektiert und bewundert.

Torsten erinnerte sich: „Ich hatte eine Eintragung in meinem Hausaufgabenheft, dass ich mal wieder auffällig geworden sei. Das war ja meine Masche, um Aufmerksamkeit von meinen Eltern zu bekommen. Mein Vater verprügelte mich. Meine Mutter stand daneben, als das Blut schon aus meiner Nase lief, und sagte zu meinem Vater: ‚Dieter, hör auf. Du schlägst den Jungen sonst tot.' Diesen Satz habe ich für mein späteres Leben mitgenommen und bei jeder Schlägerei dieses Bild meines Vaters auf meinen Gegner projiziert und ihm zu verstehen gegeben: ‚Mir geht es nicht um einen herausgeschlagenen Zahn oder um ein blaues Auge. Wenn du gewinnen willst, musst du mich totschlagen.'"

Als der 15-Jährige seinem Vater körperlich überlegen war und von ihm ein letztes Mal geschlagen wurde, sagte er zu ihm: „Hau doch mal richtig zu, Alter. Hast du keine Kraft mehr in deinen Knochen?" Da merkte sein Vater, dass er seinen Sohn mit Schlägen nicht mehr kontrollieren konnte. Deshalb wurde Torsten rausgeworfen und musste einige Nächte auf Parkbänken übernachten. Da er seine Eltern wegen versäumter Fürsorgepflicht anzuzeigen drohte, ließen sie ihn bis zu seinem 18. Lebensjahr bei sich wohnen. Es war die Hölle auf Erden.

Wer mit dem Bösen paktiert, wird selber böse

Kaum war Torsten von zu Hause weg, wurde er wiederholt straffällig. Wegen Diebstahls saß er zwei Jahre im Gefängnis. Danach kam er wegen Gewalt und Körperverletzung für drei Jahre hinter Gitter.

Um seiner Knast-Vergangenheit zu entfliehen, provozierte der in Chemnitz ansässige DDR-Bürger so lange, bis er schließlich nach Westdeutschland abgeschoben wurde. Aber dort brach seine ohnehin kaputte Welt endgültig zusammen. Depression und Sinnlosigkeit beherrschten seinen Alltag. Dazu bemerkte er: „Mir kam Goethes Faust in den Sinn, der sein Leben dem Teufel verschrieb. Wie auf einem Kriegsschauplatz habe ich dem Bösen meine Seele verkauft und darum gebeten, wie ein König anderthalb Jahre auf dieser Welt und von dieser Welt zu leben. Es war für mich der Beginn einer hemmungslosen Skrupellosigkeit, eines abgrundtiefen Hasses." Torsten Hartung nahm Kontakt auf zu Kriminellen, die ihn beauftragten, Luxusautos, wie BMW und Mercedes, zu besorgen und sie nach Russland und in arabische Länder zu liefern. Er baute sich eine Autoschieberbande mit Spezialisten auf und verdiente bald 150.000 Mark pro Woche. Die Gangster lebten in Saus und Braus. Die russische Mafia reservierte für sie eine Villa, wo sie, vollgepumpt mit Kokain, ihre Sauf- und Sexorgien mit Prostituierten feiern konnten.

Wer ohne Rücksicht auf Verluste handelt, kennt kein Erbarmen

Hartung wollte um jeden Preis richtig reich werden. Koste es, was es wolle. Das betrügerische Geschäft boomte. Innerhalb von anderthalb Jahren wuchs seine Autoschieberbande auf 54 Mitglieder an. In diesem Zeitraum wurden 120 Luxuskarossen – Neuwert nicht unter 100.000 Mark – aufgebrochen, kurzgeschlossen, überführt und anschließend verkauft.

Dann erzählte der ehemalige Gangsterboss, wie er zum Mörder wurde: „Unter Kriminellen gibt es einen Ehrenkodex: ,Wir halten zusammen und bescheißen uns nicht.' Nur Dieter tanzte aus der Reihe und war mit seinem Anteil von 2.000 Mark pro Tour als Fahrer nicht zufrieden, er untergrub meine Position als Boss. Deshalb habe ich ihn in einem Waldstück bei Riga erschossen und anschließend verscharrt."

Erschreckenderweise hatte er kein Mitgefühl, wie er bekannte: „Es war keinerlei Regung in mir, sondern nur ein Gedanke: dass er keine Chance hatte. Ich wollte unsere kriminelle Organisation in Angst und Schrecken versetzen, damit niemand mehr meine Führungsposition infrage stellen würde. Und das war mir gelungen."

Verzweifle nicht an deiner Ohnmacht

Drei Wochen nach dem Mord machte er mit seiner Freundin Antje auf Mallorca Urlaub. Bei einem Ausflug besuchten sie die Kirche von San Salvador. Hartung erinnerte sich: „In einer Vitrine entdeckte ich Dankschreiben für Gebetserhörungen. Auf einen Zettel schrieb ich auch meine Bitte: ,Ich wünsch mir ein Leben im Glück.' Am nächsten Tag stürzte ich beim Paragleiten ab und hätte tot sein können. Antje sagte spontan, obwohl sie nicht gläubig war: ,Du bist nicht tot, weil Gott noch was mit dir vorhat.' Drei Wochen später wurde ich auf einer schwedischen Fähre im Kokainrausch von Interpol verhaftet. Nach und nach landeten alle 54 Beteiligten meiner Bande im Gefängnis. Und die Ermittlungsakten wuchsen auf 28.000 Seiten an."

Im Berliner Gefängnis Alt-Moabit verbrachte der gefährliche Bandenchef zunächst fünf Jahre in Einzelhaft. Nur ungern dachte er an jene Zeit: „In der Isolationshaft spielt sich natürlich ein unglaublicher Prozess ab. Ich habe nur die Wächter gesehen, wenn sie das Essen brachten. Wir Menschen sind Beziehungswesen. Und wenn du kein menschliches Gegenüber hast oder an Gott glaubst, verfällst du in Hilflosigkeit und fängst an zu leiden. Du fängst an, dich selbst zu fragen, wer du eigentlich bist. Das einzige Medium, dem ich meine Lebensfragen und Antworten anvertraute, war mein Tagebuch. Am Ende meines Selbsterkenntnisprozesses stand plötzlich meine Schuld vor mir, eine unglaubliche Last, die mich schier erdrückte. Ich verzweifelte an meiner Ohnmacht."

Durchschaue die Mechanismen von Schuld und Leid

Während unseres Gesprächs kamen mir die Worte des Psychoanalytikers Horst-Eberhard Richter in den Sinn. In einem Interview hatte er mir gesagt, dass der säkulare Mensch den allmächtigen Gott abgeschafft und Gottes Rolle übernommen habe. Deswegen empfinde er ein tiefes Ohnmachtsgefühl, das er nur durch Allmachtsfantasien ertragen könne. Diese Verzweiflung äußere sich neben dem Allmachtswahn in Feindbildprojektionen und Gewaltausbrüchen. Seine Schuld projiziere er auf das Opfer, den Sündenbock, der das Leiden ertragen solle. Wer nicht leiden will, muss also hassen.

Der verurteilte Mörder kommentierte meine Ausführungen: „Ja, ich habe diesen teuflischen Mechanismus durchschaut, aber erst in der Isolationshaft, als ich mich mit meiner Lebensgeschichte auseinandergesetzt hatte und unter meiner Bösartigkeit und Schuld entsetzlich anfing zu leiden. Ostern 1998, als ich nicht mehr in Einzelhaft war, schaute ich mit Mitgefangenen einen Jesusfilm. Ich schrieb in mein Tagebuch, was mich selbst überraschte und wohl ein bisschen naiv war: ‚Jesus, du hattest deine Auferstehung. Gib mir eine zweite Chance. Schenk mir ein neues Leben.'"

Lass dich von Gott zum Guten „verrücken"

Seinen „zweiten Geburtstag" erlebte Torsten Hartung am 15. Mai 1998. Er saß damals in Einzelhaft und bereute schon seit Monaten bitter all das Leid, das er verursacht hatte. Vor dem Fenster hing ein Laken, auf dem sich kreuzförmig die Gitterstäbe abzeichneten. Er starrte darauf und flehte Gott – von dem er nicht einmal sicher war, ob es ihn überhaupt gab – verzweifelt um ein neues Leben an.

Was dann folgte, blieb ihm unvergesslich: „Ich hörte plötzlich eine glasklare Stimme voller Liebe und Barmherzigkeit: ‚Ich weiß', als wollte sie mir sagen: ‚Ich kenne dein Denken und Handeln, ich kenne dein Opfer- und Tätersein.' Am ganzen Körper habe

Torsten Hartung bei der Einweihung des Hauses
der Barmherzigkeit mit Bischof Reinelt

ich gezittert. Just in diesem Augenblick hatte ich
Gewissheit von der Existenz Gottes. Mein bisheriges
Welt- und Wertbild fiel in sich zusammen. An diesem
Abend schlief ich ein wie ein Baby. Beim Freigang
am nächsten Morgen glaubten meine Mitgefangenen, ich wäre wegen meiner strahlenden Augen auf
einem Drogentrip. Ich war immer noch mit meinem
Gotteserlebnis beschäftigt. Auch meine Umwelt sah
ich mit anderen Augen. Ich bewunderte das intensive Grün des Lindenbaumes im Haftgarten. Ich legte
mich auf den Rasen, pflückte ein Gänseblümchen
und bewunderte die Struktur dieser Blüte. Warum
habe ich all das nicht vorher wahrgenommen? Ich
sah mich selbst und meine Welt mit anderen Augen.
Ich war nicht verrückt, aber Gott hatte mich verrückt
in eine andere Welt."

Nimm die Vergebung deiner Schuld an

Für Torsten Hartung brach eine neue Zeit an. Er fing an, Bücher zu lesen über Parapsychologie, morphogenetische Felder, den Sinn des Lebens, Biografien über Heilige. Ein Sozialarbeiter schenkte ihm die erste Bibel seines Lebens. Er blätterte darin herum, aber es blieb für ihn vorerst ein verschlossenes Buch. Und immer wieder beschäftigte ihn die Frage, ob dieses überwältigende Gotteserlebnis bloß eine Wahrnehmungsstörung gewesen sei. Drei Monate später passierte wieder etwas Merkwürdiges.

Lassen wir ihn selbst erzählen: „Ich hörte wieder dieselbe Stimme: ‚Nimm und schlag auf.' Ich nahm die Bibel aus meinem Regal und schlug sie auf, ohne herumzublättern. Mein Blick fiel auf den 9. Vers im 1. Johannesbrief: ‚Wenn wir unsere Sünden bekennen, ist er treu und gerecht und vergibt uns unsere Schuld …' Ich fragte mich, ob mir wirklich alle Schuld vergeben sei. Darüber brauchte ich Gewissheit. Zwei Monate danach lag ich auf meiner Pritsche, schaute auf meine Bibel und vernahm wieder diese wunderbare Stimme: ‚Nimm und schlag auf.' Die zufällig aufgeschlagene Seite war das 2. Kapitel des Epheserbriefes. Ich las: ‚Ihr wart gefangen in euren Sünden … aber Gott hat euch in seiner Barmherzigkeit freigemacht, nicht aus Verdienst, sondern aus Gnade. Ihr seid bestimmt für große Werke.' Jetzt war alles gut. Ich rief meinen Anwalt an, er sollte dem Vorsitzenden des Schwurgerichts mitteilen, dass ich bereit sei, die volle Verantwortung für meine Verbrechen zu übernehmen und ein Lebensgeständnis zu machen."

Lebe deine Berufung

Bis zu diesem Zeitpunkt war Hartung nur als Dieb, Hehler, Schläger und Bankräuber verurteilt worden. Der Mord jedoch konnte vor Gericht nicht bewiesen werden, und sein Anwalt hatte ihm dringend geraten, die Tat nicht zu gestehen. Von seinem erweckten Gewissen getrieben, bekannte er sich dennoch zu diesem Verbrechen und blieb dadurch 15 Jahre im Gefängnis.

Seine Bekehrung erregte großes Aufsehen. Während der evangelische Diakon den Strafgefangenen zu einem Psychiater schicken wollte, nahm der katholische Geistliche seine Lebensgeschichte auf Tonband auf und erteilte ihm Katechumenenunterricht. Zwei Jahre danach taufte der Priester den wiedergeborenen Christen auf den Namen des Vaters, des Sohnes und des Heiligen Geistes.

Als sich die Gefängnistore schließlich öffneten, stand der frisch Entlassene mittellos da. Aber er hatte eine Vision im Herzen, die Gott ihm in der Zelle geschenkt hatte: „Geh heraus aus der Stadt und baue ein Haus der Barmherzigkeit."

„Aber draußen wartete mein früherer Kumpane Murat", erzählte der ehemalige Bandenchef. „Er stand neben einer Luxuslimousine, in der eine verführerische Blondine saß, und überreichte mir ein Kuvert mit 20.000 Euro. Dann sagte er: ‚Wir haben in unserer Organisation ein logistisches Problem. Wenn du uns dabei hilfst, gehört dir alles: das Geld, das Auto und die Frau.' Ich stand neben meinem alten Damenfahrrad aus den 50er-Jahren, das ich auf dem Flohmarkt im offenen Vollzug erworben hatte, und sagte: ‚Ich habe was Besseres gewählt.' Dann klingelte ich dreimal und fuhr davon."

Suche Kontakt zu Menschen, die du brauchst und denen du helfen kannst

Torsten Hartung fand zunächst Zuflucht in einer katholischen Pfarrgemeinde in Berlin. Schon nach einem Monat begleitete er einen Priester zu einer Vortragsreise nach Südkorea, wo er seine Claudia kennenlernte, mit der er bis heute glücklich verheiratet ist. Durch Vermittlung von Bischof Reinelt bewährte sich der langjährige Strafgefangene zwei Jahre lang als ehrenamtlicher Mitarbeiter in einem Jugendgefängnis. Gern berichtete er von seiner Aufgabe: „Von 360 Häftlingen waren 60 Insassen in unseren Gesprächsgruppen. Zunächst haben wir uns ihre Geschichten erzählen lassen, und sie zum Nachdenken gebracht über die Frage: Wo warst du Opfer und wo Täter? Nach dem Selbsterkenntnisprozess, der meistens auch mit Schulderkenntnis verbunden ist, bieten wir den Straftätern die Christusbotschaft von der Vergebung an. Viele Jugendliche entscheiden sich bereits im Gefängnis, ein anderes Leben zu führen."

Teile die Liebe, die du erfahren hast, mit anderen Menschen

Inspiriert durch seine Vision, ein Haus der Barmherzigkeit zu gründen, fand Torsten Hartung mit Unterstützung des Bonifatiuswerks in Frohburg bei Leipzig eine passende Heimstätte für die familiäre Betreuung von jungen Strafentlassenen.

Dann berichtete er mir von einem jungen Mann, der ihm gerade besonders am Herzen lag: „Wir behandeln diese jungen Menschen wie Adoptivkinder, mit denen wir rund um die Uhr in unseren Familien zusammenleben. Es ist eine Art Resozialisierung. Da ist zum Beispiel Jakob, der als Gewalttäter und Schul-Drogendealer verurteilt wurde. Im Rahmen des Resozialisierungsprojekts musste er bei uns Arbeitsstunden ableisten. Zwei Jahre lang ist er täglich allein drei Stunden im Zug nach Leipzig gependelt, um seinen Sonderschulabschluss nachzuholen. Er schloss als einer der vier Besten der gesamten Schule mit Auszeichnung ab. Wir haben ihm einen Praktikumsplatz in einer Autowerkstatt besorgt. Anschließend wurde sein Traum erfüllt, eine Lehre als Kfz-Schlosser anzufangen. Im letzten Jahr hat er sich auf den christlichen Glauben taufen lassen. Er ist unser Sonnenschein im Haus der Barmherzigkeit."

„Du musst dran glauben"

Am Ende unseres Gesprächs fragte ich Torsten Hartung, ob sich sein Wunsch nach einem glücklichen

Leben inzwischen erfüllt habe. Darauf antwortete er: „Dieser Wunsch erfüllt sich für mich als Christ jeden Tag. Egal, was Menschen über mich denken und mit welchen Erwartungen und Ansprüchen sie an mich herantreten. Allein die Erkenntnis und Gewissheit darüber, dass dieser göttliche Vater in seiner Barmherzigkeit mich unendlich und bedingungslos liebt, ist ein dauerhaftes Empfinden von Leben im Glück."

Lesenswert ist Torsten Hartungs dramatische Lebensgeschichte in Buchform „Du musst dran glauben. Vom Mörder zum Menschenretter". Dazu bemerkte er: „Meine beiden Lebenshälften – ohne Gott und mit Gott – beziehen sich auf den Buchtitel. Ich war blind und jetzt kann ich sehen, wie der Blinde, den Jesus geheilt hat. Der Glaube an den Teufel, mein Pakt mit dem Bösen, hat mich kaputt gemacht; der Glaube an Jesus hat mich heil gemacht. Du musst dran glauben, dass Gott dieses Wunder vollbringen kann."

Erfolg ist, wenn du aus deinem Leben das Beste machst

Wer möchte nicht Erfolg in seinem Leben haben? Dieses Grundbedürfnis hält ein Leben lang an. Erfolg kommt von er-folgen. Erfolgen kann aber nur, was vorher auf den Weg gebracht worden ist. Erfolg ist nichts anderes als eine Folge von Lebensgrundsätzen, die ein Mensch befolgt hat. Dazu gehört auch, sich den Herausforderungen des Lebens zu stellen, seine Probleme zu erkennen und sie zu lösen.

Erfolg ist die Folge konkreter Ziele, Handlungen und Einstellungen wie Konzentration, Inspiration, Intuition, Disziplin, Fleiß, Planung, Mut, Entschlusskraft, Optimismus, Risiko-, Lern- und Handlungsbereitschaft.

Wer seine Persönlichkeit entfaltet und seine Talente im Einklang mit den göttlichen Gesetzen erkennt und effektiv anwendet, ist erfolgreich.

Lerne von Menschen mit Erfolgsintelligenz

Erfolg ist das Ergebnis richtiger Entscheidungen. Alle erfolgreichen Menschen verfügen über die Fähigkeit, Entscheidungen zu treffen und an diesen beharrlich festzuhalten, bis das Ziel erreicht ist.

Menschen mit Erfolgsintelligenz motivieren sich selbst und lassen sich nicht irritieren durch mangelnde Anerkennung und ausbleibende Belohnung. Oft stellt sich der Erfolg erst nach einer langen Reihe von Enttäuschungen und Rückschlägen ein. Deshalb müssen sie durchhalten. Manchmal müssen sie eine Reihe von Möglichkeiten ausprobieren, bevor sie das Leistungspotenzial ausschöpfen können, das ihren Fähigkeiten entspricht. Dabei haben erfolgreiche Menschen keine Angst vor Fehlern, die sie korrigieren und aus denen sie lernen. Ihre Ideen setzen sie so schnell wie möglich in Taten um und wissen sich verantwortlich für die Durchführung ihrer Aufgaben mit allen Konsequenzen. Dabei achten sie darauf, nicht zu viele Projekte gleichzeitig zu übernehmen, ihre Zeit richtig einzuteilen sowie auf dem schmalen Grat zwischen Überlastung und Unterforderung zu balancieren.

Aus dir kann noch was werden

Was Erfolg aus christlicher Sicht bedeutet, hat mich auch ein Mann gelehrt, von dem ich es nie erwartet hätte: Ich meine die Boxlegende Peter Hussing, der erfolgreichste deutsche Amateurboxer im Schwergewicht aller Zeiten. Sechzehnmal wurde er deutscher Meister, viermal hintereinander hat er an der Olympiade teilgenommen und eine Bronzemedaille gewonnen. Außerdem war er Europa- und Vizeweltmeister. Wir lernten uns im Sommer 1986 kennen und waren bis zu seinem frühen Tod mit 64 Jahren im Jahr 2012 gute Freunde.
Gleich bei unserer ersten Begegnung erzählte mir der Boxer, wie ihn sein Lehrer vor der Klasse einmal gefragt habe, was er denn werden wolle. „Deut-

scher Meister im Boxen", antwortete der damals Fünfzehnjährige spontan und wurde schallend ausgelacht, weil er nicht gerade einen sportlichen Eindruck machte. Peter war schockiert, weil er bisher geglaubt hatte, seine Stärken auch in diesem Kampfsport entfalten zu können. Seine Krise verwandelte er in eine Chance und meldete sich beim ABC Siegerland Boxclub an. Sein Jugendtrainer Harald Flender, der ihn lebenslang begleitete, war beeindruckt von seiner Willensstärke und Begeisterung. Und Peter war zusätzlich motiviert von dem Aufmunterungsspruch seines Betreuers: „Junge, aus dir kann noch was werden." Diese inspirierenden Worte haben ihn lebenslang begleitet.

Als mich der sympathische Boxer nur widerwillig in seine häusliche „Ruhmeshalle" führte, kam ich aus dem Staunen nicht mehr heraus: Die Wände waren tapeziert mit Siegerurkunden und Fotodokumentationen, die Glasvitrinen vollgepackt mit Pokalen und Lorbeerkränzen aus aller Welt. Peter blieb ganz cool und murmelte: „Das ist alles Schnee von gestern." Aber dann lebte er förmlich auf und bekannte siegesbewusst: „Der Pokal des ewigen Lebens, den Jesus auch für mich gewonnen hat, zählt für mich mehr."

Der praktizierende Katholik erklärte: „Zunächst sah es nach einer Niederlage aus, als er am Kreuz starb, aber nach drei Tagen begegneten seine Jünger dem von den Toten Auferstandenen. Es war der größte Sieg aller Zeiten. Alles wird gut."

Was auch für dich wichtiger ist als Erfolg

Für den außergewöhnlichen Leistungsträger war Boxen Selbstverteidigung mit der Faust. „Jeder Boxer versucht, das Beste zu geben und zu gewinnen", sagte er. „Dazu braucht man nicht nur Körperkraft, sondern auch geistige Beweglichkeit und Reaktionsvermögen." Er müsse nicht um jeden Preis gewinnen und könne auch ein fairer Verlierer sein. Er bekannte: „Gott schenkt uns einen Handlungsspielraum, um unsere Talente zu entfalten. Wenn ich an Gott glaube, weiß ich aufgrund der Zehn Gebote, wo meine Grenzen sind."

Der legendäre Boxweltmeister Max Schmeling bedauerte mir gegenüber, dass Peter Hussing nicht sein würdiger Nachfolger als Weltmeister geworden sei. Er habe zwar das Talent dazu gehabt, aber er sei ein zu guter Mensch gewesen.

Freudestrahlend überreichte mir Peter 1990 einen persönlichen Brief des damals amtierenden Bundespräsidenten Richard von Weizsäcker, der sich für seinen Besuch im Bundespräsidialamt bedankte, er schrieb u. a.: „Ich behalte eine ganz lebendige Erinnerung an unsere Unterhaltung, weil sie sich für mich gewissermaßen in der Lektüre des Buches ‚Was allen Einsatz lohnt' fortsetzte. Das von Günther Klempnauer aufgezeichnete Gespräch mit Ihnen hat mich in jeder Zeile tief berührt. Mir ist dabei bewusst geworden, dass ein guter Mensch, der auch im Ring ein solcher bleibt, ein ‚Boxer ohne Killerinstinkt' möglicherweise noch mehr als andere Sportler unsere Bewunderung verdient …"

Nach seiner erfolgreichen Amateur-Boxkarriere lehnte Hussing verlockende Angebote als Profiboxer ab, die ihm vielleicht Millionen eingebracht hätten. Auf die Rivalitäten und Intrigen des oft brutalen Profisports wollte er sich nicht einlassen und zudem seine Gesundheit nicht gefährden.

Der Bundesverdienstkreuzträger wurde in seinem Heimatort Brachbach zum Bürgermeister gewählt und nahm bis zu seinem Tod regelmäßig mit großer Begeisterung als Promi-Sportler an Benefizeinsätzen und Radtouren, wie der „Tour der Hoffnung" zugunsten krebskranker Kinder, teil.

Warum war Peter Hussing so erfolgreich? Der Superschwergewichtsboxer hat seine Stärken erkannt und gefördert. Das Hohngelächter seiner Mitschüler hat ihn nicht irritiert, sondern herausgefordert, mit Willensstärke und Begeisterung das Beste aus sich herauszuholen. Man sagt, Erfolg bestehe aus drei Buchstaben: TUN. Ohne Kampf kein Sieg, und Niederlagen gehören dazu. Der Preis des Erfolgs ist Hingabe, harte Arbeit und unablässiger Einsatz für das, was man erreichen will. Leistung aus Leidenschaft. Und doch machte der Rekordhalter Sinn und Wert seines Lebens nicht von seiner außergewöhnlichen Leistung abhängig, sondern wusste sich getragen und gewertschätzt durch seinen Schöpfer und Erlöser. Aus seinen Talenten hat er das Beste herausgeholt und sie aus Dankbarkeit auch anderen Menschen zugutekommen lassen.

Dr. Thomas Middelhoff (*1953)

Total gescheitert am Hochmut und wieder auferstanden in Demut und Dankbarkeit

40 Jahre lang gehörte er zu den Topmanagern der europäischen Wirtschaft. Wegen Steuerhinterziehung wurde er zu einer dreijährigen Gefängnisstrafe verurteilt. Wie Phönix aus der Asche ist er wieder auferstanden mit einer mutmachenden Botschaft.

Wie muss einem Menschen zumute sein, der auf der beruflichen Karriereleiter ganz oben stand und dann im Sturzflug auf dem Steinboden einer Ge-

fängniszelle landete und zunächst hilflos liegen-
blieb? Genauso ist es einem der erfolgreichsten
deutschen Spitzenmanager ergangen. Er war Vorstandsvorsitzender des weltweit bekannten Medi-
enkonzerns Bertelsmann AG mit rund 117.000 Mitarbeitern, Vorstandsvorsitzender der Arcandor AG
(zuvor KarstadtQuelle AG) und vieles andere mehr.
Er musste Privatinsolvenz anmelden. Seine Gläubi-
ger verlangten von ihm über 400 Millionen Euro.
Wie kam er wieder auf die Beine? Wir trafen uns
erstmals 2019, zwei Jahre nach seiner vorzeitigen
Haftentlassung, zu einem Fernsehinterview anlässlich des Kongresses christlicher Führungskräfte in
Karlsruhe.

Mach aus allem das Beste,
auch in einer Gefängniszelle

Mit großer Anteilnahme hatte ich Thomas Middel-
hoffs Buch „A115" gelesen. Als ich ihn nach seiner
Zeit in der Gefängniszelle Nr. A115 in der Justizvoll-
zugsanstalt Essen fragte, antwortete der 66-jährige
Ex-Topmanager überraschend entspannt: „Das Buch
ist eine Trauma-Verarbeitung. Obwohl mein Gefäng-
nisaufenthalt schon eine Grenzerfahrung war, blicke
ich nicht im Zorn zurück. In dieser Zeit bin ich auch
zu Einsichten gekommen. Und es gab Momente, die
ich als beglückend empfunden habe. Wenn ich morgens sehr früh aufstand, um in der Bibel zu lesen
und den Rosenkranz zu beten, dann war es ruhig im
Gefängnis. Neumodisch würde man von einem me-

ditativen Tagesbeginn sprechen. Heute fehlen mir oft diese Ruhe und Stille."

Nie werde er den Augenblick vergessen, als er zu der Gefängnisstrafe verurteilt wurde, obwohl er mit einem Freispruch gerechnet hatte: „Meine erste Reaktion war ein grenzenloser Schock. Dann kam natürlich das typische Reaktionsmuster eines Managers: Wie gehe ich damit um? Kann ich in Revision gehen? Und dann fügte der Richter hinzu, dass er auch einen Haftbefehl wegen Fluchtgefahr erlassen habe. Ich schämte mich unglaublich vor meiner Frau und den Kindern, die im Gerichtssaal auf mich warteten. Mein Rollenverständnis war bisher: Ich behüte und beschütze meine Familie. Nun war ich völlig hilflos und fand es ganz schlimm, wie ein Schwerverbrecher in Haft genommen und abgeführt zu werden. Natürlich gibt es Stimmen, die sagen, dass ich in Bayern als freier Mann aus dem Gerichtssaal gegangen wäre. Für mich war die Frage wichtiger, zu welcher Einsicht ich gekommen bin, unabhängig vom Strafmaß. Was hat es mit mir gemacht? Bin ich wirklich bereit, daraus Lehren zu ziehen und mein Leben zu ändern? Dankbar bin ich für das, was dieser Prozess in mir ausgelöst hat, dass ich zu einem anderen Weg gefunden habe. Für mich wäre es katastrophal, wenn ich so weiterleben würde wie bisher."

Wähle die richtigen Freunde aus

Der weltweit bekannte Manager fühlte sich nach der Verurteilung von allen verlassen. Kein Freund, kein Kollege, kein Meinungsführer habe in der Öffentlichkeit Partei für ihn ergriffen, beklagte er. Diese Schweigespirale greife in allen gesellschaftlichen Schichten. Er sprach von der öffentlichen Hinrichtung durch die Medien. Das habe sein Leben in den Grundfesten erschüttert. Daraus habe er aber auch gelernt: „Ich musste erkennen, dass in dieser Kommunikationsgesellschaft, in der wir leben, Personen stigmatisiert werden können: mit dem Stigma, im Leben gescheitert oder strafbar geworden zu sein. Ferner habe ich daraus gelernt, dass ich eine sehr kritische Distanz einnehmen muss – zu den Medien an sich und vor allem zu Journalisten, die häufig das berichten wollen, wovon sie annehmen, dass es dem öffentlichen Bild entspricht – anstatt sauber zu recherchieren und darüber zu berichten, auch wenn die Recherche zu einem anderen Ergebnis führt. Ich habe auch daraus gelernt, dass ich in meinem Leben falsche Prioritäten bei der Auswahl von Freunden gesetzt habe. Alles drehte sich ums Geschäft, daraus ergaben sich Kontakte zu Geschäftsfreunden. Man muss mit dem Begriff ‚Freund‘ sehr vorsichtig umgehen.“

Schätze deine Fähigkeiten realistisch ein

Topmanager der Wirtschaft, die jährlich mehrere Millionen Euro verdienen, müssen sich nicht wundern, wenn sie sich dem Hass und Neid der weniger privilegierten Mitbürger ausgesetzt fühlen. Der mehrfache Millionär gab selbst zu, dass sein

Handeln in vieler Hinsicht sehr narzisstisch und hedonistisch bestimmt gewesen sei. Er habe geglaubt, dass für ihn im Geschäftsleben nichts unmöglich sei. Er wollte der Welt beweisen, dass er das aussichtslose Unternehmen KarstadtQuelle zu einem Erfolg ummünzen könne. Dabei ist Middelhoff gescheitert. Ich fragte ihn, wie es dazu gekommen war.

„Ich war ein ziemlich eitler und machtbesessener Mensch. Als KarstadtQuelle in einer derart dramatischen Situation war, besuchten sie mich in meinem Londoner Haus und fragten, ob ich ihnen helfen könnte und es mir zutrauen würde. ‚Na klar‘, habe ich geantwortet, denn ich hatte das Gefühl, alles zu können, auch übers Wasser zu gehen. Das war natürlich eine völlig undifferenzierte, unreflektierte Herangehensweise. Letztlich hat sich diese Aktion durch die Finanzkrise 2008 nicht so entwickelt, wie ich es mir vorgestellt habe. Trotzdem bin ich davon überzeugt, dass es mit mir diese Insolvenz nie gegeben hätte.“

Setze dein Vertrauen nicht auf materiellen Besitz

Auf dem Höhepunkt seiner Erfolgskarriere kam der große Sturz, der totale Bankrott. Alles, was der Wirtschaftsmanager in den zurückliegenden Jahrzehnten an Vermögen aufgehäuft hatte, war verloren. Wie ist Thomas Middelhoff damit fertig geworden? „Das Schlimmste, was ich abgeben musste, war meine Freiheit und der unmittelbare Zugang zu meiner Familie. Einem Menschen die Freiheit zu entziehen, ist eine ganz schlimme Strafe. In meiner Gefängniszelle wurde mir bewusst, dass mir eins nach dem andern weggenommen wurde, wie zum Beispiel meine Villa und mein Schiff in Südfrankreich. Dabei beschlich mich aber nicht das Gefühl, ich sei ein armer Mensch, sondern vielmehr spürte ich Erleichterung und Befreiung. Ich habe nicht einmal auf Gott geschimpft. Als ich im offenen Vollzug war und mit dem Fahrrad vom Gefängnis nach Bethel gefahren bin, kam ich immer an meinem Bielefelder Haus mit dem großen Grundstück vorbei. Das hat mir nichts ausgemacht."

Bewahre dir ein inneres Gleichgewicht

Thomas Middelhoff hat jahrzehntelang als Multimillionär im Luxus gelebt. Er hatte u. a. eine 23 Millionen Euro teure Villa in Saint-Tropez und eine 33-Meter-Jacht, deren Unterhalt im Monat allein 16.000 Euro kostete. Wie verarbeitete er den Sturz in die Privatinsolvenz? „Ich versuche, die Ursachen meines Scheiterns zu *verstehen*. Dabei frage ich mich, was ich falsch gemacht habe. Aber ich selber habe erkannt, dass ich mit einem solchen Haus und mit einer solchen Jacht nicht glücklich werde, wenn ich mein Lebensmodell nicht im Gleichgewicht habe. Als Manager habe ich meine Rolle gut gespielt, aber darüber mich selbst verloren. Obwohl ich materiell nichts mehr besitze, habe ich heute mein inneres

Gleichgewicht wiedergefunden. Es ist eine Transformation von einem getriebenen Leben hin zu einem ruhigen und geglückten Leben mit der Gewissheit: Gott hat mich nicht fallen gelassen."

Lass dich in verzweifelten Situationen nicht entmutigen

Als Vorstandsvorsitzender konnte Middelhoff schalten und walten, wie er wollte. Er war es gewohnt, mit den höchsten Repräsentanten aus Politik, Wirtschaft und Kultur zu verkehren. Als er dann seine Gefängniszelle erstmals für einen Hofgang verlassen durfte, wurde er von Mitgefangenen angesprochen: „Hey, bist du nicht der Middelhoff? Warst du nicht gestern überall im Fernsehen?" Wie reagierte er darauf?

„Im ersten Moment habe ich mich unendlich geschämt. Meine Anstaltskleidung bestand aus einem Parker mit Kapuze, die ich mir weit ins Gesicht gezogen hatte, damit mich möglichst niemand erkennt. Das ging natürlich nur zwei Runden gut, weil man auf dem Gefängnishof immer im Kreis geht. Ich habe dann keinen Hofgang mehr gemacht, sondern nur in meiner Zelle gesessen. Mir ist bewusst geworden, wie es um unsere Gesellschaft bestellt ist. Beim Hofgang treffen Verbrecher, HIV-Infizierte, die über 50 % ausmachen, und Drogensüchtige aufeinander, die Zigarettenkippen aufsammeln, weil sie kein Geld für Tabak haben. Der Anteil der Jugendlichen ist erschreckend hoch. Dieses Gefängnisleben wird von der Gesellschaft total ausgeblendet."

Vergleiche dich auch mal mit Menschen, die schlimmer dran sind als du

Im Gefängnis verlor Middelhoff die Achtung vor sich selbst. Durch die Betrachtung der Ijobsgeschichte fand er sein inneres Gleichgewicht wieder. „Der Herr hat's gegeben, der Herr hat's genommen. Der Name des Herrn sei gelobt", dieses Bekenntnis der biblischen Leidensgestalt beeindruckte ihn tief. „In seinem Vertrauen auf Gott war Ijob so gefestigt, dass er die schlimmsten Prüfungen durchstehen konnte. Was muss dieser Mann für einen Glauben und eine Kraft gehabt haben? Wir jammern auf hohem Niveau. Es gibt ja deutlich schlimmere Schicksale."

Öffne dich für die Christusbotschaft

An Weihnachten hinter Gittern erinnert sich der Familienvater mit wehmütigen Gefühlen: „Als ich Heiligabend von meiner Zelle in die Gefängniskapelle geführt wurde, kam mir wieder zu Bewusstsein: ‚Wo bist du eigentlich gelandet? Was hast du alles angerichtet?' Auf der anderen Seite war es eine schöne Erfahrung, das Gefühl zu haben, Gott nahe zu sein. Und als der Pfarrer predigte, dass Jesus auch die JVA in Essen besuchen würde, wenn er auf dieser Erde wäre, wurde mir bewusst, was ich aus meiner

Welt völlig ausgeblendet hatte: Ich hatte kein Auge für Bedürftige, ich hatte keinen Kontakt zu sozial Schwachen. Ich hatte nur in meiner ganz eigenen Welt gelebt. Das Christentum wird doch sehr stark durch Menschenliebe geprägt, vor allem für diejenigen, die Defizite haben und benachteiligt sind. Ich glaube, dass in dieser Gefängniskapelle sehr viele Menschen offen für die Weihnachtsbotschaft waren. Wenn man so isoliert in seiner Zelle sitzt und sich von der Christusbotschaft anrühren lässt, erweist sich der Glaube als eine Kraft, die trägt und Hoffnung gibt, die zukunftsgerichtet leben lässt."

Bete um Vergebung deiner Schuld und vergib anderen

In seiner Jugendzeit war Thomas Middelhoff Messdiener in der katholischen Kirche gewesen. Als 17-Jähriger hatte er zuletzt gebeichtet und dann erst 46 Jahre später im Gefängnis wieder. Was ihm das Sakrament der Beichte heute bedeutet, erklärte er gern: „Ich hatte das Gefühl, dass es Dinge gibt, die ich mir selbst nicht verzeihen kann. Für mich war es ein unglaubliches Anliegen, all meine Schuld vor Gott zu tragen und sie aus tiefstem Herzen zu bereuen. Danach sind Lasten von mir weggenommen worden. Ich habe mich unendlich befreit gefühlt, als ich zurück in die Gefängniszelle geführt wurde."

Wir beten im Vaterunser: „Vergib uns unsere Schuld, wie auch wir vergeben unsern Schuldigern." War

Middelhoff auch bereit, dem Richter zu vergeben, der ihn verurteilt und ihm eine unheilbare Krankheit eingebracht hatte? Dazu war er bereit: „Am Abend vor meiner sechsstündigen Herzoperation, die auch ein Ergebnis dieser Krankheit war, habe ich mir diese Frage ganz bewusst gestellt. Ja, ich vergebe diesem Mann. Er hatte mir völlig unnötig eine Suizidkontrolle auferlegt. Sechs Wochen lang bin ich alle 15 Minuten geweckt worden. Dadurch ist mein ganzes Immunsystem zusammengebrochen, sodass ich nicht mehr therapiert werden kann. Ich würde mir allerdings für andere Häftlinge wünschen, dass dieser Richter einsichtsfähig wird. In NRW sind diese Suizidkontrollen eingestellt worden."

Lass dich auf Hilfsbedürftige ein und lerne von ihnen

Aufgrund dieser unheilbaren, lebensgefährlichen Autoimmunerkrankung durfte er die restliche Haftstrafe im offenen Vollzug verbringen. Tagsüber arbeitete er mit Schwerbehinderten in der diakonischen Einrichtung Bethel. Warum er diese Betreuung als Glücksfall empfand, erzählte er mit großer Begeisterung: „Bethel habe ich mir sehr bewusst ausgesucht. Entweder wollte ich mit Behinderten arbeiten oder im Hospiz Sterbende begleiten. Der Wunsch, Behinderten zu helfen, entsprang im Wesentlich daraus, dass die jüngere Schwester meiner Frau behindert ist und in Bethel eine Arbeitsstelle hat. Ich hatte mir nie Zeit für sie genommen und wollte versuchen, mal etwas gutzumachen. Als Hilfskraft in einer Behindertenwerkstatt zu arbeiten, hat mein Leben total verändert. Die Menschen, die mit Behinderungen leben müssen und manchmal nicht pflegeleicht sind, haben dennoch ihre Fröhlichkeit und Zuversicht sowie ihr Gottvertrauen nicht aufgegeben. Dankbarkeit, Zuwendung und Aufmerksamkeit habe ich von ihnen gelernt. Für mich eine völlig neue Erfahrung."

Erkenne den Wert
einer menschlichen Beziehung

Wenn er die Behinderten in Bethel mit seinen ehemaligen Geschäftspartnern und Freunden wie zum Beispiel dem Ex-US-Präsidenten Bush, dem milliardenschweren australischen Medienmogul Rupert Murdoch oder dem französischen Unternehmer und 75-fachen Milliardär Bernard Arnault vergleicht, worin besteht für ihn der entscheidende Unterschied? „All diese Freunde habe ich als ganz großartig empfunden. Aber die Kommunikation, die auf geschäftlich-gesellschaftlichen Zusammenkünften stattfand, war kaum menschlich wertvoll und nachhaltig."

Bedenke: Hochmut kommt vor dem Fall

„In Bethel betreute ich einen schwer autistischen Jungen. Nachdem ich sein Vertrauen gewonnen hatte, reichte er mir seine Hand und ich konnte mit ihm spazieren gehen. Irgendwann fing er an, mit mir zu reden. WOW.

Mit einem Querschnittsgelähmten bin ich ausgefahren, um mit ihm auf einer Parkbank vor einem Kiosk eine Tasse Kaffee zu trinken. Er schaute auf einen Behälter mit billigen Zigarrenstumpen. Ob er auch eine Zigarre rauchen möchte, fragte ich ihn. Das wäre sein größter Traum. Dann habe ich ihm eine Zigarre gekauft, und er hat mir aus seinem Leben erzählt. Ich kann Ihnen gar nicht sagen, wie gut ich mich dabei gefühlt habe. Soviel Dankbarkeit und Liebe durfte ich erleben. Als Topmanager bin ich nur um die ganze Welt geflogen – von einem Business zum andern, von einem Termin zum andern. Einsteigen, aussteigen und wieder einsteigen."

Hier in Bethel erlebte Middelhoff seine Sternstunde. Als Topmanager hielt er diese behinderten Menschen für unbedeutend, zumindest für sein eigenes Leben. Und so hochmütig sei er auch aufgetreten. Aber nun wisse er, wie wichtig diese Menschen in Bethel für sein Leben sind. Bei Gott habe er sich bedankt, dass er diese beglückende Erfahrung machen durfte. Bei ihm kam Hochmut vor dem Fall.

Finde den Weg, den Gott dir zeigt

Obwohl der gescheiterte Topmanager bis heute zahlreiche Presse-, Funk- und TV-Interviews gibt, gehen Journalisten ganz selten auf seine tiefgreifende

Umkehr sowie seine Hinwendung zu Gott ein. Dafür hat Middelhoff folgende Erklärung: „Dieses Bild eines Menschen, der sein Leben in vollen Zügen genossen und so erfolgreich verbracht hat und es dann bereut, können säkulare Menschen einfach nicht mit mir verbinden. Und daraus folgt dann auch, dass mir vorgehalten wird, jetzt als Büßer aufzutreten, was ich ja gar nicht will. Mein Anliegen ist, der jüngeren Generation zu sagen: Macht nicht die gleichen Fehler, die ich gemacht habe. Daraus folgern meine Kritiker wiederum: ‚Der Middelhoff will doch nur in den Medien sein.'

Ich habe das Gefühl, dass den Medienvertretern der Zugang zum christlichen Gedankengut fehlt. Vor ihrem säkularen Hintergrund kommen sie gar nicht auf die Idee, differenziert einem christlichen Thema nachzugehen, weil sie kein persönliches Verhältnis zu Gott haben. Unsere Gesellschaft ist im Wirtschaftsleben horizontal ausgerichtet. Richtig erscheint immer das, was die Referenzperson tut. Ein Beispiel: Das Auto, das der Nachbar fährt, ist auch das richtige Auto für mich. Am Ende unseres Lebens wird aber vertikal gemessen, von dem da oben. Ich kann mich und mein Verhalten nicht damit entschuldigen, dass mein soziales Referenzsystem das alles gut findet. Nein, ich muss herausfinden, was Gott für richtig hält. Das kann ich aber einem Medienvertreter überhaupt nicht beibringen. Darin liegt die Tragik."

Lass auch andere aus deinen Fehlern lernen

Sein Sturz war für Middelhoff die Gelegenheit, Lebensbilanz zu ziehen.

„Ich frage mich, wo ich einen Beitrag für diese Gesellschaft und für die Kirche leisten kann. Ich möchte meine Lebenserfahrungen wie eine Fallstudie weitergeben, damit Menschen daraus lernen und nicht die gleichen Fehler machen. Jedenfalls sind eine Luxusvilla und eine Luxusjacht nach meiner Erkenntnis völlig unwichtig für ein glückliches Leben. Ich wünsche mir weiter die Kraft, zu ganz bestimmten Themen publizistisch tätig zu sein. So möchte ich mich einsetzen für eine Verbesserung des gesamten Bereichs des Justizwesens in Deutschland, denn die Öffentlichkeit hat sich nicht ausreichend kritisch damit auseinandergesetzt. Fälschlicherweise geht man davon aus, dass jeder, der im Gefängnis sitzt, selber daran schuld ist. Ständig bekomme ich Zuschriften von Häftlingen, die Hilfe brauchen. Man kann sich kaum vorstellen, in welchem beklagenswerten Zustand die Lebensumstände im Gefängnis sind."

Am Ende unseres Gesprächs zitierte ich den Psalm 40, der Thomas Middelhoff aus dem Herzen sprach: „Ich hoffte voll Zuversicht auf den Herrn, da wandte er sich mir zu und hörte mein Schreien. Er gab mir ein neues Lied in meinen Mund, ein Loblied auf unseren Gott. Viele Leute werden es hören, sie werden den Herrn wieder ehren und ihm vertrauen."

Visualisiere, was du erreichen möchtest

Im Erfolgsmanagement, in der Psychotherapie und vor allem im Sport ist die sogenannte Visualisierung nicht mehr wegzudenken. Es handelt sich um eine Technik, mit der bewusst ein inneres Bild erzeugt wird. Das Visualisieren funktioniert wie eine Computerprogrammierung: Das geistige Bild wird in das neurologische System des Körpers einprogrammiert. Die Visualisierung wird dazu benutzt, ein bestimmtes Ziel im Geiste zu erschaffen, damit es sich verwirklichen kann. Vorstellungskraft und Glaube sind die Grundvoraussetzungen für diese Methode. Was man geistig sichtbar machen kann und woran man glaubt, das ist oft erreichbar.

Lass dich von Vorbildern inspirieren

In meinen Gesprächen mit weltweit bekannten Spitzensportlern bin ich immer wieder auf dieses Phänomen der Visualisierung gestoßen. Hier vier Beispiele von gläubigen Christen:
Golfprofi Bernhard Langer stellte sich als mittelloser junger Mann intensiv vor, einmal als Weltstar Karriere zu machen. Heute gehört er zu den erfolgreichsten Golfspielern der Welt und stand 2019 in der Preisgeld-Rangliste mit über 27 Millionen Dollar an der Spitze. Der bekennende Christ unterstützt mit seinem Vermögen soziale und missionarische Organisationen.

Jesse Owens, der legendäre vierfache Olympiasieger, war fest entschlossen, einmal der schnellste Mann der Welt zu werden. Sein großes Vorbild war der Olympiasieger im 100-Meter-Lauf von 1928, dem er nacheifern wollte. Sein Wunschtraum erfüllte sich 1936 bei den Olympischen Spielen in Berlin.

Sein Landsmann, der US-Amerikaner Carl Lewis, lernte als 16-Jähriger Jesse Owens kennen. Er war so begeistert von ihm, dass er in denselben Disziplinen wie Owens Olympiasieger werden wollte (100- und 200-Meter-Lauf, 4 x 100-Meter-Staffel und Weitsprung). Bei der Olympiade 1984 in Los Angeles gelang ihm diese außergewöhnliche, bisher unerreichte Leistung.

Oder denken wir an den belgischen Fußballprofi Jean-Marie Pfaff, der mit dem FC Bayern München große Siege feierte. Er bekannte mir als seinem Seelsorger nach der Fußballweltmeisterschaft in Mexiko 1986, wo er zum besten Torwart der Welt gewählt wurde: „Seit meinem 14. Lebensjahr habe ich mir vorgestellt und Gott darum gebeten, einmal der weltbeste Torwart zu werden."

In diesem Buch haben die meisten der vorgestellten „Mutmacher" in ihrem Leben ähnliche Erfahrungen gemacht. Diese eindrucksvollen Beispiele sind keine Zufallserscheinungen.

Stell dir dein ersehntes Ziel als Bild vor Augen

Bereits in den 50er-Jahren hat der Pfarrer Dr. Norman Vincent Peale dieses Phänomen entdeckt und

darüber geschrieben. Die aktive Vorstellungskraft
führe positives Denken einen Schritt weiter, führte
er in seinem Bestseller „Die Kraft des positiven Denkens" aus. Bei der aktiven Vorstellungskraft denke
man aber nicht nur an ein ersehntes Ziel; man sehe
und vergegenwärtige es sich mit ungeheurer Intensität, was durch Gebet noch verstärkt werde. Aktive
Vorstellungskraft sei wie ein Strahl geistiger Ener-
gie, mit dem das erstrebte Ziel oder Ergebnis vom
Bewusstsein so lebhaft dargestellt werde, dass es
das Unbewusste übernehme und dadurch bestim-
mend werde. Dies setze mächtige innere Kräfte frei,
die dem Leben aller, die aktive Vorstellungskraft be-
treiben, eine erstaunliche Wendung zu geben vermögen.

Leg deine Wünsche in Gottes Hände

Der Theologe Peale beruft sich auf Jesus, der seinen
Jüngern Mut macht: „Glaubt nur, dass ihr alles, wo-
rum ihr bittet und betet, schon erhalten habt. So
wird es euch zuteil" (Markus 11,24).
Der Pallottinermönch und Psychologe Dr. Jörg Müller antwortete mir auf meine Frage, ob die auch
von nichtchristlichen Erfolgstrainern praktizierte
Methode der Visualisierung mit der biblischen Lehre vereinbar sei: „Als katholischer Priester und kli-
nischer Psychologe fühle ich mich der christlichen
Spiritualität verpflichtet. Jesus selbst wies darauf
hin, dass die Kraft des Glaubens entscheidend sei für
das Erreichen eines Ziels. Der Unterschied zwischen

den reinen Esoterikern und den Christen besteht in der Ausrichtung ihres Ziels. Biblische Aussagen sind stets christuszentrisch, nicht egozentrisch; die Gnade Gottes ist entscheidend, nicht die eigene Kraft. Dennoch fordert Jesus das Mittun des Menschen, seine Bereitschaft und Hingabe. Gott will sich der Menschen bedienen, wenn es um die Erlösung der Schöpfung geht. Und dazu braucht er unsere ganze geistige und geistliche Kraft. Beten hat eine andere Qualität als nur die mentale Kraft."

Norman Vincent Peale bezieht sich auch auf eine Stelle im ersten Johannesbrief (5,14), wo es heißt: „Wenn wir um etwas bitten nach seinem Willen, so hört er uns." Es gehe darum, sich zuerst etwas vorzustellen, dann im Gebet darum zu bitten und anschließend so fest an die Beantwortung des Gebets zu glauben, dass man dann danach handele. Überall in der Bibel gibt es Geschichten davon, dass der Glaube hilft und Gebete, Visionen oder Träume zur Wirklichkeit werden.

Prof. Dr. Dr. Gerald Hüther (*1951)

Nutze dein Gehirn richtig, dann hast du mehr vom Leben

Der profilierte Hirnforscher leitete u. a. die eigenständige Zentralstelle für Neurobiologische Präventionsforschung der Universität Göttingen. Heute sieht er seinen Bildungsauftrag in der publizistischen Weiterverbreitung der revolutionären Erkenntnisse der Hirnforschung. Sein Ziel ist es, Lebensbedingungen zu schaffen, die es ermöglichen, menschliche Potenziale zur Entfaltung zu bringen, nicht nur in Erziehung und Bildung, sondern auch auf der Ebene der politischen und wirtschaftlichen Entscheidungen.

Bevor ich auf meine Gespräche mit dem Hirnforscher eingehe, möchte ich einige Vorbemerkungen zur Hirnforschung machen. Das Gehirn besitzt hundert bis tausend Milliarden Neuronen. Jede dieser einzelnen Zellen ist wiederum mit anderen Nervenzellen über Kontaktpunkte (Synapsen) mehrere Zehntausend Mal verschaltet. In diesem hochkomplexen Netzwerk werden sämtliche Informationen für Denken, Fühlen und Handeln als biochemische Impulse versendet, bewertet, gespeichert, verteilt und abgerufen.

Das Gehirn entwickelt sich schon sehr früh und lernt ständig dazu. Es befindet sich zeitlebens in einem laufenden Umbauprozess. Es hängt von den Erfahrungen ab, welche unterschiedlichen Bereiche im Hirn und in Netzwerken aufgebaut werden. Wenn es von uns neue Eindrücke und Informationen bekommt, müssen alte, einfachere Verschaltungen aufgelöst und neue, vielfältigere geknüpft werden. Das Gehirn versucht auf diese Weise zugleich, Unbekanntes mit Bekanntem zu verbinden, zu überprüfen, was man bisher bereits als günstig oder ungünstig, positiv oder negativ erfahren und entsprechend gespeichert hat, um daraus die geänderten Verhältnisse neu einzuschätzen und einzuordnen.

Wenn die Inhalte gar nicht passen, sind allerdings massive Umbauten im Hirnzellengeflecht notwendig. Eine neue Information hat bei der Aufnahme immer Einfluss auf das bisher gespeicherte Wissen. Aller Neuigkeitswert hängt davon ab, wie man bisher sein Gehirn gefordert hat. Es entwickelt sich so, wie wir es benutzen. Deshalb sollten wir unser Ge-

hirn trainieren; denn ein untrainiertes Gehirn ver-
kümmert, auch wenn es noch so leistungsstark sein
mag.

Bleib flexibel, dein Gehirn kann sich
zeitlebens ändern

Der Neurobiologe Prof. Dr. Dr. Gerald Hüther hat mir
entscheidende Einblicke in die aktuelle Hirnforschung
gegeben. Dank bildgebender Verfahren (Computer-
tomografie) ist der Forscher in der Lage, dem menschlichen Gehirn bei der Arbeit zuschauen und zu sehen,
wie einzelne Nervenzellen miteinander in Verbindung treten. Was dargestellt wird, ist der vermehrte
Glukose- oder Sauerstoffverbrauch in jener Region,
wo Nervenzellen besonders aktiv sind. Immer wenn
man irgendetwas denkt oder tut, flackert es im Gehirn. Wenn Menschen Worte sprechen, Wärme fühlen, Musik hören, Düfte riechen, Süßes schmecken,
feuern die Neuronen irgendwo. Wenn wir Worte
aussprechen und es dann irgendwo im Hirn flackert,
identifizieren wir diese Region als Sprachzentrum.
Lange Zeit habe man gedacht, man könne die inneren Organisationen des Gehirns nur verändern, indem
man chemische Substanzen verabreiche, also Medika-
mente gebe. Jetzt ist klar, dass man auch durch eine
Psychotherapie das Gehirn neu „verkabeln" kann. Immer dann, wenn ein Mensch in die Lage versetzt wird,
sein Gehirn noch einmal anders zu benutzen, verändern sich auch Verschaltungen in seinem Gehirn.
Der Neurobiologe unterstrich die wichtigste Er-

kenntnis: „Das Gehirn kann sich zeitlebens ändern. Früher waren wir der Meinung, mit 18 Jahren sei man fertig und dann ginge nichts mehr. Durch das bildgebende Verfahren haben wir gesehen, dass sich das Gehirn bis ins hohe Alter umstrukturieren kann, dass neue Verschaltungen entstehen und neue Verbindungen geformt werden können, wenn es einem Menschen gelingt, sein Gehirn auf eine immer wieder neue Weise zu nutzen. Das sollte älteren Menschen Mut machen, diese Chancen zu nutzen."

Beziehungen beeinflussen die Hirnstruktur

„Wie sich mein Gehirn entwickelt, hängt weitgehend auch von den Beziehungen ab, die ich im Laufe meines Lebens knüpfe", betonte Hüther. Dazu brauche man ein harmonisches Milieu, um sich gesund entfalten zu können. Die Elterngeneration liefere nicht nur die genetischen Anlagen für die Nachkommen, sondern schaffe auch gleichzeitig die Bedingungen dafür, dass aus den genetischen Anlagen überhaupt etwas werden könne.

Die familiären Beziehungssysteme sind deshalb von entscheidender Bedeutung: Die sich ausbildenden Bindungen zwischen Mutter und Kind und all das, was in diesen hochkomplexen Beziehungssystemen so leicht gestört werden kann, sollten intakt sein. Je früher das Kind zum Lernen herausgefordert wird, desto besser gelingt die optimale Aneignung von Inhalten, hat die Hirnforschung herausgefunden.

Finde die Balance zwischen Bindung und freier Entfaltung

Bereits im Mutterleib beginnt die Prägephase des Kindes. Der Hirnforscher spricht von der Balance zwischen der engen Verbundenheit des Kindes mit der Mutter und seiner freien Entfaltung. Das erläuterte er: „Die extrem enge Verbindung im Mutterleib ist auf Fortsetzung angelegt. Wenn das Kind auf die Welt kommt, weiß es bereits, wie die Mutter riecht; denn es sind dieselben Aromastoffe, die es im Mutterleib als Fruchtwasser geschmeckt und gerochen hat. Als Säugling nimmt es sie mit der Muttermilch wieder auf. Wenn es an der Brust der Mutter saugt, sind das Momente tiefsten Vertrauens zwischen Mutter und Kind, in denen sie sich auf unbeschreibliche Weise anschauen. Zugleich aber entfaltet sich das Kind, das jeden Tag körperlich über sich selbst hinauswächst."

Kinder brauchen einfühlsame Vorbilder

Für die Übernahme von Handlungs- und Bewegungsmustern der Bezugspersonen spielen die Spiegelneuronensysteme im Hirn des Menschen eine besondere Rolle. „Die Übernahme einfacher Bewegungsmuster beobachten wir auch bei uns selbst", erklärte Hüther. „Ich gehe wie mein Vater, obwohl ich es gar nicht will. Ich habe es trotzdem übernommen. Es ist nicht angeboren, sondern abgeguckt. Genauso übernehme ich nicht nur körperliche, sondern auch geistige Haltungen und Vorstellungen, all das, was ich bei anderen sehe und wahrnehme."

Kinder brauchen Leitbilder, Ziele, Orientierung und komplexe Vorstellungswelten. Diese werden als Erregungsmuster aber nur im Gehirn verankert, wenn sie die Gelegenheit bekommen, durch eigene Erfahrung etwas zu bewirken.

Deshalb fordert der Neurobiologe mit Leidenschaft: „Kinder müssen befähigt werden, Handlungen zu planen und die Folgen von Handlungen abzuschätzen. Das kann man nicht unterrichten oder als Lernstoff mitgeben, sondern es nur eigenständig ausprobieren lassen. Immer wenn ihnen etwas Neues gelingt, werden Begeisterungsstürme im kindlichen Hirn entfacht, die dort neue Hirnstrukturen bilden." Damit aus dem Lernfrust Lernlust wird, seien einfühlsame Vorbilder notwendig, die eine emotionale Beziehung zu den Kindern aufbauen und attraktive Verhaltensweisen vorleben und spiegeln. Daraus erwachse die Fähigkeit, eigene Haltungen aufzubauen, Verantwortung zu übernehmen und sich in andere Menschen hineinzuversetzen. Wenn sich jedoch das Kind nicht angenommen und bedingungslos geliebt weiß, weil es verunsichert ist und sich unverstanden fühlt, kann es diese lebensnotwendigen Verhaltensmuster nicht aufbauen. Folglich entstünden im Hirn sich ausbreitende krankhafte Erregungen, die das komplizierte Beziehungsgefüge zerstören würden.

Gottesliebe ist auch ohne Mutterliebe möglich

Ich fragte den Hirnforscher, ob eine Gottesbeziehung dem frustrierten Kind helfen könne, wieder Mut zu fassen. „Eine Gottesbeziehung kann ein Kind nur dann entfalten", antwortete er, „wenn es vorher mit der Mutter oder anderen Bezugspersonen eine Liebeserfahrung gemacht hat. Anderenfalls dienen seine gespeicherten Potenziale lediglich zur Verteidigung, um sich gegen eine feindliche Welt zur Wehr zu setzen."

Ich fasste nach und gab zu bedenken, dass ich Menschen kenne, die keine Mutterliebe erfahren haben und sich doch von Gott geliebt wissen. Der Hirnforscher war offen für einen religiösen Anknüpfungspunkt und spielte folgenden Fall durch: „Wenn Sie krank geworden sind und Probleme haben, die Sie nicht mehr lösen können, gerät Ihr Gehirn in Aufruhr. In dieser Angst- und Stresssituation finden Sie keine guten Lösungen, weil das Gehirn dann mit archaischen Notfallprogrammen reagiert, die zunächst die Wogen glätten, aber keine neuen Lösungen anbieten. In solchen Situationen müssen Menschen Gelegenheiten finden, um aus diesen Erregungszuständen wieder herauszukommen. Und das geschieht durch Vertrauen. Vertrauen stiftende Bilder sind deshalb heilsame Bilder, weil die Belastung Unheil bedeutet. Alles, was diese Belastung überwindet, bietet Heil an."

Der Hirnforscher sieht die Vertrauen stiftenden Bilder auf drei Ebenen angesiedelt. Zunächst geht es um Selbstvertrauen, Kompetenz, Erfahrungen und Wissen, um sich mit Problemen, die das Leben bringt, auseinandersetzen und diese lösen zu können. Das reicht aber nicht allein. Über kurz oder lang kommt man an die Grenzen seiner eigenen Fähigkeiten. Dann braucht man die zweite Ebene: Wenn man es allein nicht mehr schafft, benötigt man die Hilfe anderer Menschen, um mit ihnen gemeinsam eine Lösung zu finden. Auf der dritten Ebene geht es um das transzendentale Vertrauen: Der Mensch kann sich von einer höheren Macht gehalten wissen, was auch immer kommen mag. Das gilt im Prinzip für Menschen aller Kulturkreise. Wer auf dieser Vertrauensgrundlage steht, kann selbst Bedrohungen und Leid noch einen Sinn abgewinnen.

Beziehungen aktivieren das Gehirn

Es geht bei der Persönlichkeitsentfaltung immer wieder um Vertrauen und Liebe, um intakte Beziehungen zu sich selbst, zum Mitmenschen und letztlich zu Gott. In diesem Sinn spricht Jesus von dem Gebot der Liebe zu Gott, dem Mitmenschen und sich selbst. Der Hirnforscher geht davon aus, dass das Gehirn ein Organ ist, mit dem Beziehungen aufgebaut und gestaltet werden. Die Beziehungen sind das wichtigste Bindeglied zwischen den Nervenzellen. Je intensiver die Vernetzungen und je höher die Verkabelung, umso reichhaltiger sind die Nutzungsmöglichkeiten. Durch die Erfahrungen, die jeder Mensch im Laufe seines Lebens macht, erweitert er das Spektrum dieser Beziehungen. In der vorgeburtlichen Zeit lernt der

Mensch sich selbst kennen. Er nimmt schon ein bisschen den Herzschlag seiner Mutter und Geräusche aus der äußeren Welt wahr. Im Laufe der Zeit erweitert er das Spektrum der Beziehungen, die in seinem Hirn verankert werden und die er dann aktiv weiterknüpfen kann. Dazu gehören auch Vorstellungen von Gott, die in Bildern über Jahrtausende weitergegeben wurden.

Gib die religiöse Tradition weiter

Nach biblischer Erkenntnis sprechen wir vom personalen Gott, der als Schöpfer mit seinen Geschöpfen eine Beziehung eingeht, die ihren Höhepunkt in der Menschwerdung Jesu findet. Diese biblischen Gottesbilder beschreiben Gott als Liebhaber des Lebens, der als Vater vertrauenserweckend auf seine Kinder eingeht und sie in Liebe annimmt. Kann der Hirnforscher dieses Glaubensbekenntnis teilen? Der Neurobiologe verweist auf die heutige fortschreitende Natur- und Geisteswissenschaft, welche unsere Wirklichkeitserfahrung oft nur noch in Metaphern und Bildern umschreiben kann. Diese Symbolik helfe uns, die unaussprechliche Wirklichkeit, die wir Gott nennen, in Worte zu fassen. Wie solle man dieses Erfahrungswissen an die nächste Generation weitergeben, wenn nicht in Worten und Bildern? Verhängnisvoll wäre es, befürchtet der Hirnforscher, wenn die Weitergabe dieser religiösen Tradition vernachlässigt würde und die nachfolgenden Generationen keine Sprache mehr

Gerald Hüther (rechts) im Interview mit Günther Klempnauer

für Gott und seine Bilder hätten, die Geborgenheit und Zuversicht ausstrahlen.

Wage die Revolution der Liebe

In ihrem gemeinsam herausgegebenen Buch „Liebe ist die einzige Revolution" (2017) kommen die Autoren Anselm Grün und Gerald Hüther zu dem Schluss, dass der Mensch sich erst als bedeutsam erlebt, wenn er sich bedingungslos geliebt weiß.
Anschaulich fasst der Hirnforscher darin seine These zusammen: Man brauche genügend Raum und Freiheit, damit die Flügel der Entdeckerfreude und Gestaltungslust wachsen könnten. Der Mensch müsse sich ohne Angst und Druck, spielerisch und selbstvergessen entfalten. Dies könne nur geschehen, wenn er das Vertrauen in die eigenen Fähigkeiten wiedererlange, Unterstützung bei anderen Personen finde und sich in dieser Welt sicher aufgehoben und gehalten fühle.

Der Benediktinerpater Anselm Grün erweitert diese Erklärung des Hirnforschers aus biblischer Sicht, indem er von Gott spricht, dem Wesen der Liebe. Aber diese Liebe soll sich auch ausdrücken, indem wir einander lieben. Sein Glaubensvorbild ist Jesus, der sein Leben für seine Freunde und Feinde hingibt, indem er am Kreuz stirbt. Für Anselm Grün ist das Kreuz ein Bild der Umarmung und Versöhnung, das alle Gegensätze zwischen Himmel und Erde, Licht und Dunkel miteinander versöhnt.

Nimm herausfordernde Schicksalsschläge an

Kaum hatte ich mein Interview mit Gerald Hüther für dieses Buch bearbeitet, entdeckte ich im Internet eine Fernsehaufzeichnung der NDR-Talkshow „Tietjen und Bommes" vom April 2019, zu der Gerald Hüther und Samuel Koch eingeladen waren.

Samuel Koch wurde durch seinen Auftritt am 4. Dezember 2010 in der Fernsehshow „Wetten, dass …?" bekannt, als er mit Sprungstiefeln über ein fahrendes Auto hinwegsetzen wollte und sich dabei schwer verletzte. Querschnittsgelähmt sitzt er seitdem in einem Rollstuhl. Mittlerweile kann er wieder seine Arme bewegen. Seit der Spielzeit 2018/19 ist der ehemalige Kunstturner ein festes Ensemblemitglied am Nationaltheater Mannheim. Er ist mit der Schauspielerin Sarah Elena Timpe verheiratet.

Für seine Initiative „Männer für morgen" suchte Gerald Hüther glaubwürdige, attraktive Vorbilder. „Samuel ist ein solches Vorbild, der in diese Welt hineinwächst, sich orientieren will und menschliche Stärke zeigt", sagte Hüther. „Wir haben uns angefreundet und gemerkt, dass wir sehr viel voneinander lernen können. Als Hirnforscher schaue ich ins Hirn und bekomme eine Vorstellung davon, wie es funktioniert, wie plastisch das Hirn ist, wie man es umbauen kann, wie man durch neue Erfahrungen neue Vernetzungen bekommt." Samuel sei für ihn ein spannendes Wunder. Wie schafft man es nach einem so schwierigen Schicksalsschlag, wieder mit neuem Elan ins Leben zurückzukehren? Dieses Phänomen interessiere ihn nicht nur als Hirnforscher, sondern auch als Mensch. Hüther sprach von Lebensereignissen, die uns den Boden unter den Füßen wegziehen. Das Kunststück bestehe darin, aus diesen schwierigen Situationen wieder herauszufinden. Im Laufe des Lebens lernen wir, Probleme zu bewältigen, weil wir über unglaublich viele Potenziale verfügen. Unser Hirn strukturiert sich an den Lösungen, die wir finden. Als Beispiel nannte er das Immunsystem, das auch trainiert werden müsse. Deshalb sei es für Kinder besser, im Dreck zu spielen, weil dadurch das Immunsystem viel zu tun habe und gestärkt werde. Kinder, die keine Probleme hätten, könnten psychisch nicht stark werden. Am Computer werden keine Probleme gelöst, weil sie nicht aus dem Leben kommen und unter die Haut gehen.

Vertraue auf den Wert und Sinn deines Lebens

Die anderen Talkshow-Gäste hörten gespannt zu, als Samuel Koch erzählte, warum er wieder Freude am

Leben habe. Er sei in günstige Rahmenbedingungen hineingewachsen, seine Eltern und Freunde würden ihn bedingungslos lieben. Als ehemaliger Kunstturner habe er Disziplin und Ausdauer gelernt, die besonders in Krisenzeiten nützlich seien. Schon vor seinem Unfall habe er erkannt, dass es nicht wichtig sei, was er tue und leiste, sondern dass er wertvoll sei, so wie er ist. Diese Erfahrung habe ihm geholfen, als er nach seinem Unfall nichts mehr tun konnte.

Der Hirnforscher bekräftigte Samuels Erfahrung, dass er um seiner selbst willen bedeutsam genug sei. Er habe sich von den Mustern und Vorstellungen einer egozentrischen Leistungsgesellschaft befreien können und das Alte losgelassen. Das Kunststück bestehe darin, nicht mehr zu fragen: „Was wäre, wenn …?", sondern das neue Leben anzunehmen und das Beste daraus zu machen.

Noch einmal wollten die Gäste von Samuel wissen, ob es noch andere Gründe für seine zuversichtliche Haltung gäbe. Koch zitierte das Nietzsche-Wort „Wer ein Warum zu leben hat, erträgt fast jedes Wie", und kommentierte es: „Ich habe den Sinn meines Lebens im Glauben an Gott gefunden und komme deshalb auch mit den widrigsten Umständen zurecht." Sein Leben sei kein Zufall. Am Ende werde alles gut.

Trage die Haltung der Liebenden in die Welt

Der Neurowissenschaftler Hüther spricht vom angeborenen Kohärenzgefühl, das durch Beziehungen und zwischenmenschliche Kommunikation entstehe.

Dabei geht es um zwei Aspekte des Lebens: um Annä-herung und Vermeidung. Das „Annäherungssystem" genannte Schaltsystem im Gehirn, das eng mit dem Lustzentrum verschaltet ist, stimmt uns bei attrak-tiven Zielen positiv und motiviert zu aufbauendem Verhalten. Als ebenso lebensnotwendigen Gegenpart gibt es das sogenannte „Abwendungs-" oder „Ver-meidungssystem". Es steuert das Verhalten, wenn es darum geht, Gefahren wie Gesundheitsrisiken und Krankheiten zu vermeiden oder zu bekämpfen. Das Vermeidungssystem ist eng mit dem Angstzentrum im Gehirn verschaltet.

Was ist notwendig, damit man nun dieses Kohärenz-gefühl entwickeln kann? Was in der Welt passiert, muss man zunächst auch verstehen. Was man nicht verstanden hat, kann man auch nicht selbst gestal-ten und auch nicht ändern. Schließlich muss man das Gefühl haben, dass alles einen Sinn hat, was man tut. Nur dann hat man Lust, sich jeden Tag ein Stück weiterzuentwickeln und Selbstheilungskräfte zu mo-bilisieren.

In seinen Vorträgen appelliert der Neurobiologe mit Leidenschaft an seine Zuhörer, ihr Leben gemeinsam so umzugestalten, dass sie aufhören, sich gegensei-tig zu Objekten zu machen mit Bewertungen, Beloh-nungen, Bestrafungen und Belehrungen. Er erwarte diesen Transformationsprozess, bei dem Menschen miteinander reifen, ohne sich gegenseitig nieder-zumachen, von uns. Diese neue Haltung der Lieben-den sei ein Schatz aus unserem Kulturkreis, den wir als Geschenk in die Welt tragen sollten.

Der Abenteurer treibt Yaks von Sulden am Ortler auf die Alm.

Reinhold Messner (*1944)

Die Freiheit aufzubrechen, wohin du willst

Der italienische Extrembergsteiger stand als erster Mensch auf allen 14 Achttausendern, durchquerte die Antarktis, Grönland und die Wüste Gobi. Er hat das Messner Mountain Museum gegründet und ist Autor von fünf Millionen verkauften Büchern.

Wer kennt ihn nicht, den erfolgreichsten Bergsteiger aller Zeiten? Reinhold Messner gehört zu den außergewöhnlichsten Menschen der Gegenwart. Als erster Mensch eroberte er vom Nanga Parbat bis zum Mount Everest alle Achttausender und bereiste die unwirtlichsten Gegenden der Erde mit einem Minimum an Ausrüstung. Jedes Mal ging er weiter, als zuvor für möglich gehalten wurde. Nicht um Rekorde zu brechen, sondern um das Ausgesetztsein in diesen noch weitgehend unberührten Naturlandschaften zu erleben.

Reinhold Messner wurde 1944 in dem kleinen Dorf St. Peter in den Südtiroler Dolomiten geboren. Er war der zweitälteste von acht Brüdern und einer Schwester. In Begleitung seines Vaters bestieg er bereits im Alter von fünf Jahren einen Dreitausender. Später wollte ihm sein Vater, der Dorfschullehrer war, die gefährliche Kletterei verbieten. Seine Mutter dagegen hatte für den experimentierfreudigen, ideenreichen und neugierigen Reinhold mehr Verständnis.

Heute lebt der 76-jährige Extremsportler mit seiner neuen Lebensgefährtin und seinen Kindern aus zwei Ehen in Meran und auf Schloss Juval in Südtirol, wo er auch noch Bergbauernhöfe bewirtschaftet. 30 Millionen Euro hat der Bestsellerautor allein in seine Museen investiert. Seine zahlreichen Fans bewundern seinen eisernen Willen, seinen grenzgängerischen Wagemut und seine unglaublichen Leistungen, die bis heute fast konkurrenzlos sind.

Nach seiner Antarktis-Expedition begegneten wir uns 1991 in Siegen. Bis tief in die Nacht hinein sprachen wir tiefgründig über das Geheimnis seiner Lebenseinstellung und außerordentlichen Erfolge.

Was treibt ihn an, derartige Strapazen auf sich zu nehmen, Grenzen zu überschreiten und immer wieder neue Ziele zu verfolgen? Was können wir „normalen" Menschen für unsere Lebensbewältigung daraus lernen?

Finde heraus, was dich antreibt

Wofür kann ich mich begeistern? Diese Frage sollte sich jeder stellen, der das Beste aus seinem Leben machen will. Nur was mich antreibt, bringt mich weiter. Meine Leistungsbereitschaft resultiert aus meinem persönlichen Antrieb.

Als ich Messner darauf ansprach, antwortete er: „Als Kind habe ich unter der Enge meiner heimatlichen Umgebung sehr gelitten. Ob es der Vater, Bürgermeister oder Pfarrer war, alle wollten mich bestimmen. Ich sollte einen bürgerlichen Beruf erlernen, weil ich das Leben sonst nicht schaffen würde. Meine Triebfeder ist die Lebenslust. Ich will etwas versuchen, was an der Grenze des Machbaren liegt, was kein Abenteurer vor mir geschafft hat. Sonst würde ich nicht so viel einsetzen."

Entdecke dich selbst und deine Fähigkeiten

Der Extrembergsteiger war auf der Suche nach dem Nervenkitzel, um sich als Mensch zu entdecken. Ihm ging es beim Unterwegssein in der Wildnis nicht um die Welt draußen, sondern um die Welt in ihm drinnen. Er wollte der Eroberer seiner eigenen Seele sein. Er wollte sich die Freiheit bewahren, aufzubrechen, wohin es ihn zog.

Als Heranwachsender wollte er die Grenzen seiner körperlichen und seelischen Leistungskraft überhaupt kennenlernen und so zu seinem eigenen Ich zurückkehren. Das Bergsteigen wurde zur Selbsterfahrung. Messner sprach vom Ausloten seines Ichs, vom Hineinwandern in das Labyrinth seiner Seele. Als er auf dem Gipfel des Mount Everest stand, konnte er weder reden noch denken, aber dort habe er gespürt, wie ihn diese tiefe seelische Erschütterung in ein neues Gleichgewicht geworfen habe: „Alles, was ist, was ich bin, ist getragen vom Wissen, dass ich den Endpunkt erreicht habe."

Schon als Kind fühlte er beim Bergsteigen, dass er den anderen etwas voraushatte. Daraus erwuchs sein Wunsch, da hinzukommen, wo andere nicht hinkommen konnten. Er wollte herausfinden, wo für ihn die Grenze des Machbaren lag. Darauf kam es ihm an: all seine Kräfte dafür einzusetzen, was vor ihm kein Abenteurer geschafft hatte.

Verlasse deine Komfortzone für Gipfelerlebnisse

Wer im Leben etwas erreichen will, muss Grenzen überwinden, die Komfortzone verlassen. Die Komfortzone ist der Bereich, in dem man sich wohlfühlt und nicht anstrengen muss. Das ist der Bereich, wo einen nicht viel Neues erwartet. Die körperlichen Alarmfunktionen sind hier vollkommen heruntergefahren und man kann ausruhen. Aber in der Komfortzone gibt es keine Weiterentwicklung.

Wer seine Komfortzone öfters verlässt, wird flexibler und kann auf Grenzsituationen viel besser reagieren, schneller umdenken und sich leichter an Veränderungen anpassen.

Messner hatte viele solcher Erfahrungen: „Ich gehe nicht an die Grenze, um zu wissen, was ich kann. Ich gehe an die Grenze, um zu erfahren, was ich nicht kann. Ich will nicht über die Grenze hinausgehen. Die absolute Grenze ist für mich der Tod. Lebenslust kommt nur durch den Einsatz des Lebens. Ich suche das Limit, die Grenze des Machbaren, um diese Grenze zu verschieben. Ich habe nie etwas probiert, was ich von vornherein für unmöglich gehalten habe. Ich bin ein ängstlicher Mensch und deshalb auch sehr vorsichtig. Aber wenn ich nichts riskiere, kann ich nicht wissen, was möglich ist."

Lerne, das Risiko einzuschätzen

Wer seine Komfortzone verlässt, setzt sich auch Ängsten aus, weil er nicht weiß, was auf ihn zukommt. So ging es auch Reinhold Messner: „Warum habe ich vor der Antarktis Angst gehabt, bevor ich überhaupt dort war? Ich hatte nur Angst vor Angst. Der Mensch ist ein ängstliches Wesen. Hätten wir keine Ängste, wären wir nicht so weit gekommen, wie wir heute sind. Dann wären wir vorher schon umgekommen. Wir haben überlebt, weil wir Angst hatten, weil uns unsere Intelligenz aufgezeigt hat, was alles passieren könnte."

Wir haben alle Ängste. Das verlangt schon der Selbsterhaltungstrieb. Die Kunst ist, Angst und Mut in ein

Gleichgewicht zu bringen. Die Kunst ist, nicht aus Wagemut umzukommen. Dabei hilft uns die Angst, indem sie uns sagt, was wir wagen können und was nicht.

Ein Leben ohne Risiko gibt es nicht, und wenn, dann wäre es vermutlich nicht lebenswert. Wir müssen aber lernen, es richtig einzuschätzen. Das immer vorhandene Risiko lässt sich durch entsprechende Planung und der Situation angepasstes Verhalten auf ein akzeptables Maß reduzieren. Ein Restrisiko bleibt.

Konzentriere dich auf das Wesentliche auch durch extreme Krisenerfahrungen

Sich in gefahrvolle Situationen zu begeben, kann helfen, Ängste zu überwinden und Probleme vergessen zu machen. Der Psychiater Kurt Kolle meinte, es gäbe kein wirksameres Mittel gegen seelische Leiden und Lebensüberdruss als das Erleben authentischer Todesangst.

So empfand es auch Messner bei seinen Grenzerfahrungen: „Ich gehe los, und alle Unruhe fällt von mir ab, alle Grübeleien sind verflogen." Es ist der Versuch einer Selbstheilung, auch nur als Betäubung seiner immer wieder eingestandenen Zerrissenheit und seiner Albträume.

Du brauchst für dein Spielbein ein Standbein

Jeder Mensch hat beim Gehen ein Standbein und ein Spielbein. Ohne Standbein, auf dem man stabil steht und auf dem das ganze Körpergewicht ruht, kann man sein Spielbein nicht frei und unbelastet bewegen. Für jedes Handeln braucht der Mensch eine Vertrauensgrundlage. Messners Vertrauensperson war seine Mutter: „Sie weiß, dass diese Abenteuer zu meinen Lebensäußerungen gehören. Meine Mutter versteht mich. Sicher hat sie manchmal auch Angst um mich, aber sie vertraut mir so sehr, dass sich ihre Sorgen nicht auf mich übertragen. Weil es sie gibt, fühle ich mich stärker, und weil ich weiß, dass sie mich liebt, habe ich keine Angst vor dem Tod."

Wenn es beim Alleingang auf den Nanga Parbat nicht mehr weitergehen wollte, sagte sich Reinhold Messner den Lieblingsspruch seiner Mutter vor: „Es wird schon gehen." Und wenn er seine letzte Stunde gekommen glaubte, dann sei ihm als letzter Mensch seine Mutter gegenwärtig gewesen. Auf dem höchsten Berg der Erde habe er sich so geborgen gefühlt wie im Mutterschoß.

Setze dir Ziele und arbeite daran

Als ich Reinhold Messner wegen seiner Antarktis-Expedition bewunderte, sagte er ganz gelassen: „Das war halb so schlimm. Ich bereite mich ein ganzes Jahr auf solche gefahrvollen Expeditionen sehr präzise vor und kalkuliere Risiken ein." Er lud mich zur nächsten Extremtour ein und fragte nach meinem Alter. Er hatte mich zehn Jahre jünger eingeschätzt und winkte dann ab.

Er müsse sich immer wieder neue Ziele setzen, die ihn motivieren und an die Grenze führen würden. Aber diese Ziele müssen realistisch sein: „Ich kann nicht durch die Antarktis laufen, wenn ich keine Chance sehe, am anderen Ende anzukommen.

Wir müssen uns Ziele setzen, die uns herausfordern, aber nicht überfordern. Sonst macht es keinen Spaß mehr. Wir müssen eine faire Chance haben, die Ziele auch zu erreichen."

Steh wieder auf, wenn du scheiterst

Es gibt trotz kalkuliertem Risiko keine letzte Garantie, das selbstgesteckte Ziel wirklich zu erreichen. Diese Erfahrung musste auch Messner machen: „Mich hat vor allem das Scheitern weitergebracht; denn gelernt habe ich beim Scheitern, nicht bei Erfolgen. Ich habe für die Besteigung der 14 Achttausender 31 Expeditionen gebraucht. Auch am Nordpol bin ich gescheitert und bei vielen anderen Reisen auch. Wenn es nicht weiterging, bin ich eben wieder zurückgegangen. Sonst wäre ich nicht am Leben geblieben. Wenn es jemand darauf anlegt, jedes Mal im ersten Anlauf zum Ziel zu kommen, dann überlebt er nicht. Wenn ich bei den 14 Achttausendern am Ende Erfolg hatte, dann auch deswegen, weil ich öfter als alle anderen wieder von vorn angefangen habe, wenn ich gescheitert war."

Ohne Begeisterung bist du nicht erfolgreich

Enthusiasmus ist die beste Motivation, um Ziele zu erreichen. Leidenschaftlicher Einsatz ist auch für Messner ganz wichtig: „Wenn ich nicht an mein Vorhaben glaube und davon begeistert bin, kann ich es auch nicht schaffen. Ein Außenstehender hat dafür kein Verständnis. Nur mit voller Hingabe erreiche ich mein Ziel."

Mit seinem Vorhaben müsse er sich identifizieren. Am besten sei er, wenn er bis zur letzten Konsequenz gefordert werde. Darin sehe er den Grund, warum er sich so schwierige Ziele stecke.

Du brauchst einen Glauben, der Berge versetzt

Zu Begeisterung und Hingabe gehört ein starker Glaube, um sein Wunschziel zu erreichen. Für Messner spielte bei seinen Expeditionen dieser Glaube und das Urvertrauen in andere eine wichtige Rolle: „Ich muss an mich selbst und meine Willenskraft glauben, um mich stark und leistungsfähig zu fühlen. Als Bergsteiger weiß ich, dass ich umkommen könnte. Aber ich glaube, dass ich durchkomme. Würde ich es nicht glauben, ginge ich nicht los. Ich weiß natürlich nicht, ob mein Freund mich auffangen würde, wenn ich es nicht schaffe. Ich glaube es aber, sonst wäre er nicht mein Freund. Von meiner Mutter würde ich sogar sagen: ‚Ich weiß es, weil ich es erfahren habe.'"

Ein Spitzengespräch: Günther Klempnauer mit Reinhold Messner

Ziehe Kraft aus der Religion

Offen bekannte der Bergsteiger, dass ihm in kritischen Situationen die Bibel geholfen habe. Gebetet habe er auch, aber nicht um Hilfe, sondern um innere Ruhe zu finden. Die Natur als eine unendlich sich verändernde Kraft habe eine göttliche Dimension. Einen Gott außerhalb dieses Kosmos postuliere er nicht, schließe ihn aber auch nicht aus.

Ich fragte Messner nach Jesus, von dem der bereits erwähnte Satz stammt, dass Glauben Berge versetzen und alles ermöglichen kann (vgl. Matthäus 17,20). Für Jesus konnte er sich begeistern: „Ich glaube, in den ersten drei Jahrhunderten war das Christentum klar. Dann hat man angefangen, irgendwelche Geschichten dazu zu erfinden. Ich bin immer noch der Meinung, dass Christus ein ungemein weit vorausschauender Mensch war. Ich habe entschieden, Christus als einen Soziallehrer zu sehen. Er war ein großartiger Mensch, wie es ihn in den letzten 2000 Jahren nicht mehr gegeben hat."

Seine Mutter sei eine hundertprozentige Christin gewesen, die ihren Glauben an Gott gelebt habe. Sie habe ihre Kinder nie gezwungen, in die Kirche zu gehen. Als Heranwachsender distanzierte er sich: „Wir Kinder haben als 15-/16-Jährige angefangen, die Predigten kritisch anzuhören. Das Christentum ist in den Dörfern nicht mehr lebendig, sondern eine Farce. Die Leute sitzen ihre Stunde ab, und nachher betrügen sie wieder den Nachbarn. Es wurde für mich unglaubwürdig. Unbewusst bin ich vom christlichen Glauben geprägt. In meiner Burg haben wir auch eine Hauskapelle mit einem romanischen Kreuz. Die Wurzeln der christlich-abendländischen Traditionen sind weitgehend vergessen. Das Christentum hat zuerst an Lebenskraft und dann an Bedeutung verloren."

Höhepunkte sind nur von kurzer Dauer

Wenn der Berggipfel erklommen sei, stelle sich nicht unbedingt ein Hochgefühl ein, weiß Messner. „Aber auf dem Gipfel laufen alle Linien zusammen."

Auf die Frage, ob er den Berg als seine Geliebte bezeichnen würde, ging er gern ein: „Ein österreichischer Maler hat in meinem Auftrag eine Bergwand gemalt, zu der ich als junger Kletterer ein erotisches Verhältnis hatte. Ich war in diese Wände verliebt, die das Wichtigste in meinem Leben waren. Dadurch habe ich sexuelle Wünsche auch gar nicht ausgelebt.

Aber es ist kein orgiastisches Erlebnis. Es gibt auf dem Gipfel vielfach eine Art Leere-Erlebnis, vor allem wenn eine lange Vorzeit des Vorbereitens, des Hoffens, des Träumens, des Auseinandersetzens vorausgeht, weil dann plötzlich ein Endpunkt erreicht ist. Es ist ausgelebt, es ist dahin."

Messner sprach auch von einem mystischen Erlebnis: „Es ist für mich eine Religionsausübung im weitesten Sinne. So wie ein anderer einen Gott außerhalb des Kosmos voraussetzt und zu ihm betet, so ist mein Klettern eine Art Religionsausübung mit der Natur. In solchen Augenblicken lösen sich alle Zweifel und alle Fragen auf. Und wenn ich nicht mehr weiterkomme, lösen sie sich immer noch auf. Ich habe mich noch nie gefragt, während ich in eine Spalte gefallen bin, warum ich auf diesen Berg gestiegen bin."

Mit Hoffnung geht der Weg weiter

Wir Menschen sind Grenzgänger und müssen zuweilen ums Überleben kämpfen. Messner hat daraus ein Hobby gemacht. Er hat versucht, in lebensfeindlicher Umgebung, auf Bergen, in Wüsten und Eis, gegen seine Lebensangst anzukämpfen. Für ihn ist es eine Art Therapie. Er ist wie ein Glücksspieler, der alles riskiert, um alles zu gewinnen. Er spielt mit dem Tod, um das Leben zu gewinnen. Was bleibt ihm zum Schluss? „Am Lebensende, glaube ich, wird mir nur bleiben, wie weit ich mich in dieser Hinsicht ausgelotet habe. Es wird mir nicht bleiben, was ich im Leben erreicht und wie viel Geld ich verdient habe.

Mir wird nur die Erfahrung bleiben, wie weit ich an meine Grenzen gegangen bin. Für mich ist die Erfahrung steckenzubleiben mindestens so wichtig wie die Erfahrung zu sagen: ‚Ich bin weiter gegangen, als ich gedacht habe und als alle anderen vor mir.' Aber mit dem Tod geht meine Welt unter."

Was Motivations- und Zielmanagement betrifft, können wir eine Menge lernen von Reinhold Messner. Es gibt auch in unserem Leben Berge, über die wir hinüber müssen, weil sonst der Weg nicht weitergeht. Aber am Ende unseres Wegs sollte nicht die Ausweglosigkeit des Todes stehen, sondern die Hoffnung.

Jürgen Höller (*1963)

Sag Ja zum Erfolg und sprenge deine Grenzen

Europas Top-Coach hat bisher nach eigenen Angaben in seinen Motivationsseminaren 1,6 Millionen Menschen geschult. Mit 19 Jahren eröffnete er sein erstes Unternehmen und ging pleite. Vier Jahre später hatte er schon wieder vier neue Geschäfte aufgebaut und bildete sich im Erfolgsmanagement weiter. Als Motivationstrainer wurde er zunehmend bekannt, sein Unternehmen boomte in den 90er-Jahren, aber der Börsengang 2001 scheiterte und Höller landete bankrott im Gefängnis. Aus Schaden ist er klug geworden. Heute ist er wieder mehrfacher Millionär und die Jürgen Höller Academy expandiert.

Während seine Kritiker weiterhin sein Geschäftsgebaren und die vollmundigen Erfolgsversprechen beanstanden, begeistert Höller seine Fans mit der Botschaft: „Der einzige Mut, den du benötigst, um erfolgreich zu sein, ist der Glaube an Gott und an dich selbst."

Ich lernte Jürgen Höller in der Dortmunder Westfalenhalle kennen, wo er am 5. Februar 2000 einen Motivationstag mit 15.000 Teilnehmern veranstaltete. Zehn Jahre lang hatte er davon geträumt. Dabei waren hochkarätige Motivatoren wie der Politiker Hans-Dietrich Genscher, der Topmanager Carsten Maschmeyer und der Boxer Henry Maske, außerdem die Elite der europäischen Erfolgstrainer, die auf der Bühne stürmisch gefeiert wurde.
Bei unserer Begrüßung überreichte ich dem überglücklichen Veranstalter mein neuestes Buch „Was allen Einsatz lohnt", eine Sammlung meiner Interviews mit weltweit bekannten Spitzensportlern. Als erster Mentaltrainer in der Fußball-Bundesliga war Höller so angetan von den Erfolgsgeheimnissen der Sportler, dass er mich ein halbes Jahr später zu einem dreistündigen Gespräch in sein Landhaus nach Schweinfurt einlud.

Lass dich nicht zum Größenwahn verführen

Es war ein strahlender Sommervormittag, als ich meinen alten Mercedes neben seinem knallroten Ferrari parkte. Hier residierte also Deutschlands erfolgreichster Motivations- und Erfolgstrainer, der für seine Dienste bei großen Konzernen eine Tagesgage bis zu 100.000 DM forderte und fast ständig ausgebucht war.

Der damals 37-jährige Hausherr begrüßte meine Frau und mich in seiner neu erbauten, weißen Villa mit Schwimmbad außergewöhnlich herzlich. Auf einer Sonnenterrasse mit Blick auf seine gepflegte Parkanlage führten wir ein mehrstündiges Gespräch über Gott und Höllers Welt des materiellen Reichtums. Auf dem Gartentisch lag demonstrativ eine Bibel, die der frühere Messdiener gerade gekauft hatte. Seine charmante Ehefrau Kerstin, mit der Jürgen Höller zwei Söhne hat, servierte uns kühle Getränke und leckeres Gebäck.

Zu diesem Zeitpunkt schwebte der Erfolgsguru auf Wolke sieben und träumte davon, sein wachsendes Unternehmen mit 120 Mitarbeitern zum weltgrößten Konzern im Bereich Weiterbildung zu machen. Seine Vorstellungen grenzten an Größenwahn, er behauptete: „Jeder Mensch kann alles erreichen, was immer er sich vorstellt. Egal, ob finanzieller Reichtum, berufliche Karriere oder vitale und kraftvolle Gesundheit." Sein Unternehmen Inline AG sollte bis zum Jahr 2014 zwei Milliarden Mark Umsatz mit Seminaren und Weiterbildungskonzepten abwerfen. Der Börsengang stand kurz bevor, weil auch die Kurse stiegen. Die Banken schätzten Höllers Firma auf 500 Millionen Mark.

Verliere dein Herz nicht
an materiellen Reichtum

Ich lenkte seine hochtrabenden Gedanken immer wieder auch auf biblische Geschichten, um ihn auf den Boden der Wirklichkeit zurückzubringen. Sein Vorhaben würde mich an den reichen Kornbauern erinnern, der symbolisch für Menschen steht, die sich während ihres Lebens ausschließlich auf die Vermehrung ihres Reichtums konzentrieren. Doch Geld hilft nicht, um vor Gott bestehen zu können. Höllers Denken drehte sich ausschließlich um Gewinnmaximierung. Reiche und Arme wird es immer geben. Jesus fordert jedoch von den Reichen, dass sie sich als Vermögensverwalter verstehen und die Armen finanziell unterstützen. (Erfreulicherweise hat Höller Jahre später seinen Auftrag erkannt und 2013 die „Jürgen-Höller-Stiftung" gegründet, die Hilfsprojekte in den Slums von Nairobi finanziell unterstützt.) Die Bibel warnt vor der Vergötzung des Reichtums, wie es auch König David in Psalm 62,11 ausdrückt: „Wenn der Reichtum auch wächst, so verliert doch nicht euer Herz an ihn!"
Empfänglicher war der mehrfache Millionär für einen anderen Bibelvers: „Alles ist möglich dem, der da glaubt" (Markus 9,23). Diesen Vers legte er aber nach seinem Gutdünken aus. Er ließ sich nicht von seinem zwanghaften Glauben an einen erfolgreichen Börsengang zur Kapitalvermehrung abhalten und schwelgte in Allmachtsfantasien.

Vergötzung führt dich in die Verzweiflung

Ein halbes Jahr später stagnierte der Börsengang. 2001 brachen überall die Kurse ein. Höller konnte die Darlehen nicht mehr bedienen. Hunderte Menschen hatten an seinen Höhenflug geglaubt, 2,5 Millionen Euro in seine Inline AG investiert – und verloren. Die Geldspritzen der Risikokapitalgeber, die fünf Millionen Euro in die Firma gesteckt hatten, reichten nicht mehr aus. Statt der Anfang 2000 prognostizierten 500 Millionen Mark Firmenwert, errechneten die fünf Emissionsbanken wegen der schwachen Börsen im Frühling desselben Jahres nicht einmal mehr 100 Millionen Mark. Damit war das Unternehmen zu klein für die Börse. Höller hatte jedoch bereits Millionen in Marketing, Vertrieb und Personal investiert und sich dabei übernommen. Bis Ende 2001 mussten zwei Drittel der 120 Mitarbeiter gehen. Höller hatte sich total verspekuliert ohne Rücksicht auf menschliche Verluste.

Auf den schnellen Aufstieg folgte eine harte Bruchlandung. Er musste den Börsengang absagen und scheiterte letztlich auch an seinem luxuriösen Lebensstil. Die Inline AG war pleite. Ende Oktober 2002 wurde „Deutschlands teuerster Motivationstrainer" (Spiegel) verhaftet und am 8. April 2003 verurteilt: drei Jahre ohne Bewährung – wegen Untreue, vorsätzlichen Bankrotts und falscher eidesstattlicher Versicherung.

Steh immer wieder auf, bis du ganz oben bist

Zu Prozessbeginn hatte Höller in einem Geständnis vor dem Würzburger Landgericht alle wesentlichen Anklagepunkte eingeräumt und sich schuldig bekannt. Seinen Fans, die ihrem Superstar bisher blindlings vertraut hatten und ihm ihr Geld für den Börsengang gegeben hatten, gestand er, zuletzt habe in seinen Augen nur das Dollarzeichen geleuchtet. Er sei seiner Aufgabe untreu geworden und habe nur noch in die eigene Tasche gewirtschaftet. Erst im Gefängnis sei ihm klar geworden, dass materieller Erfolg nicht alles sei. Den Glauben an Gott habe er wiedergefunden und Jesus sei für ihn zum Vorbild bedingungsloser Liebe geworden.

Nach anderthalbjähriger Haft wurde er am 21. April 2004 wegen guter Führung und guter Zusammenarbeit mit seinem Insolvenzverwalter auf Bewährung aus dem Gefängnis entlassen. Immer wieder erwähnte der Strafentlassene seine Ehefrau, die ihn mit den Worten aufgebaut hat: „Einmal schaffen wir es noch. Steh auf, Jürgen."

Im Gefängnis habe er sich vorgestellt, wie er seine Seminarteilnehmer motivieren würde, ihre Krise als Chance zu nutzen, woraus er auch für sich selbst viel gelernt habe.

Wie neu geboren startete er trotz 6,6 Millionen Euro Schulden seine erste „Bühnenshow" vor fünfzehn Teilnehmern. Nur dreieinhalb Jahre später war er schon wieder schuldenfrei. Jetzt plant Jürgen Höller eine Tournee mit seinen Power-Days, beworben als das „erfolgreichste Weiterbildungsevent Europas".

Entdecke dein Potenzial und werde erfolgreich

Zuletzt begegnete ich dem Erfolgs- und Motivationscoach auf dem Power-Day 2017 in der Düsseldorfer Mitsubishi Electric Halle. Seinen 2000 erwartungsfreudigen Fans hämmerte er ein: „Alles ist möglich, wenn du an dich glaubst. Du schaffst es." Wer in seine Gedankenwelt eintaucht, lässt den frustrierenden Alltag hinter sich und kann sich fallenlassen.
Höller erklärte, wie er es geschafft habe, wieder an Gott und an sich zu glauben und nie aufzugeben. Er habe seine Chance mit Leidenschaft und Opferbereitschaft wahrgenommen. In den letzten 35 Jahren habe er ca. 3.000 Bücher gelesen und 600 Audio- und Video-Programme durchgearbeitet, darunter zahlreiche Biografien und Beschreibungen von Künstlern, Philosophen, Politikern, Religionsgründern, Wirtschaftsgrößen und Sportlern.
Sein unermüdlicher und zielstrebiger Einsatz hat sich bei manch berechtigter Kritik an seinem Geschäftsgebaren gelohnt. Sein Erfolgsgeheimnis beruht auf Fleiß, Ausdauer, Disziplin und Konzentration all seiner Kräfte auf das von ihm gesteckte Berufsziel: auch anderen Menschen den Weg zum Erfolg zu zeigen.

Prüfe alles und behalte das Beste

Auch wenn ich seine Erfolgsideologie, wonach **alles** möglich sei, für vermessen und unrealistisch halte, beeindrucken mich sein unermüdlicher Einsatz und seine ansteckende Begeisterung für seine „Mission", das Beste aus seinem Leben zu machen.

Höller ist auf Erfolg programmiert und möchte die Volkskrankheit Misserfolg heilen. Er selber habe erlebt, wie viel Schmerz der Misserfolg erzeuge; wie es sei, nicht mehr zu wissen, wie es weitergehen solle, und hoffnungslos am Boden liegenzubleiben.

Folgende Erfolgsfaktoren spricht der Motivationstrainer in seinen Seminaren und auf den Power-Days immer wieder an:

Handle und sei nicht bloß ein Zuhörer

„Just do it" – „Tu es jetzt", heißt der Werbeslogan von *Nike*®. Dazu fordert auch der Erfolgstrainer auf und fragt provozierend: „Warum sollte sich in deinem Leben etwas verändern, wenn du nichts in deinen Handlungen veränderst?" Eine Untersuchung in den USA habe ergeben, dass eine Idee, ein Vorsatz, eine Handlungsabsicht, bei der man nicht innerhalb von 72 Stunden ins Handeln komme, so gut wie nicht mehr umgesetzt werde. Die Umsetzungsquote liege danach nur noch bei 1:99.

Was du säst, wirst du ernten

Als bekennender Katholik entdeckt Höller durchaus Parallelen zwischen seiner Erfolgsstrategie und den Erfolgsgesetzen der Bibel. Jeder Mensch sei von Geburt an ein Gewinner, der von Gott Talente bekommen habe. Gott verlange aber von uns den vollen Einsatz seiner Gaben. Alles komme auf das Tun an. In Anlehnung an das Wort des Apostels Paulus: „Was der Mensch sät, das wird er ernten" (Galater 7), sieht Höller das verantwortliche Handeln als Gesetz von Ursache und Wirkung. Alles, was wir durch unsere Gedanken, Handlungen und Taten verursachen, würde sich – mit einer zeitlichen Verzögerung – als Wirkung manifestieren. Wir seien für alles, was passiert im Positiven wie im Negativen, selbst verantwortlich.

Glaube an Gott und an dich selbst

Der Glaube ist für Höller das Hauptlebensgesetz. Offen bekennt er: „In der Bibel entdeckte ich, dass mein Erfolgssystem durchaus im Einklang mit dem Buch der Bücher steht. Seit dieser Zeit habe ich mich wieder verstärkt mit meinem Dasein als Christ beschäftigt und sehe mittlerweile die christliche Lehre als die Grundlage meines Tuns. Wenn der Mensch nach dem Ebenbild Gottes geschaffen ist, dann muss er auch mit all den Fähigkeiten ausgestattet sein, um ein glückliches und erfolgreiches Leben führen zu können."

Wer sich von Gott bedingungslos geliebt weiß und ihm vertraut, gewinnt auch Selbstvertrauen.

Stell dir deine Ziele bildlich vor und präge sie dir ein

Bereits als achtjähriger Junge hatte Höller große Ziele. Auf einem Gartenfest wurden er und die anderen Kinder gefragt, was sie mal werden wollten. Obwohl der kleine Jürgen der Schwächste war, sagte er: „Millionär!" – und wurde dafür ausgelacht.

Seine Zuhörer motiviert er heute: „Wenn ihr euren brennenden Wunsch, mehr aus eurem Leben zu machen, tief in eurem Unterbewusstsein verankert, ihn permanent wiederholt und euch die Erfüllung geistig vorstellt, legt ihr damit die Grundlage für euren Erfolg."

Konzentriere dich auf das, was du wirklich willst

Höller weiß aus eigener Erfahrung, wie sich Zweifel einschleichen können, ob das gewünschte Ziel auch erreicht werden kann. Dabei denkt er an die negativen Programme der Vergangenheit, die im Unterbewusstsein gespeichert sind: „Ich schaffe es nicht", „Ich bin ein Versager", „Die anderen sind besser als ich" usw. Auf die Frage, wie dieser Teufelskreis der Angst durchbrochen werden könne, verweist er auf das „Gesetz der Konzentration": „Alles, worauf du dich konzentrierst, gewinnt an Bedeutung, und alles, was du beachtest, beginnt zu wachsen." Alles komme darauf an, sich nicht auf seine Fehler und Schwächen, sondern auf seine Stärken zu konzen-

Lebhafte Diskussion: Günther Klempnauer mit Jürgen Höller

trieren, die dann noch stärker würden. Es gehe da-rum, sein Energiepotenzial auf den entscheidenden Punkt zu fokussieren. Leider würden sich die meis-ten Menschen auf das konzentrieren, was sie nicht wollen, anstatt auf das, was sie wirklich wollen.

Nur mit Ausdauer und Disziplin erreichst du dein Ziel

Was Disziplin und Ausdauer betrifft, erzählt Höl-ler gern – wie auch andere Erfolgstrainer – die Ge-schichte von zwei Fröschen, die in einen Krug mit flüssiger Sahne fielen. Der eine Frosch strampelte wie wild, um aus dem Krug herauszukommen. Schon bald waren seine Kräfte am Ende, und er ertrank. Der zweite Frosch dagegen strampelte von Anfang an eher bedächtig, gleichmäßig und ausdauernd. Als der erste Frosch längst untergegangen war, verfügte der zweite noch über ausreichende Reserven, um immer weiter zu strampeln. Nach geraumer Zeit verfestigte sich die flüssige Sahne und wurde letztendlich zu Butter. Nun saß der bedächtig und ausdauernd agierende Frosch auf der Butter und konnte den Krug mühelos verlassen. Diese Geschichte ist für den zielstrebigen Motivator eine Metapher dafür, was mit Ausdauer und Disziplin erreicht werden kann. Viele Menschen glaubten, der Weg zum Erfolg sei ein Sprint. Aber nicht die ersten hundert Meter führten zum Erfolg. Meistens sei es ein Marathonlauf von 42 Kilometern, der auf Dauer angelegt sei.

Gib niemals auf

Die Willensanstrengung ist für Höller ein wichtiger Erfolgsfaktor, er zitiert Goethe: „Das Wort: ‚Ich will', ist mächtig, sagt's einer leis und still. Die Sterne reißt's vom Himmel, das kleine Wort: ‚Ich will.'" Begeistert predigt er: „Du kannst aus dir machen, was du willst. Gib niemals auf. Wenn du einen Stern am Himmel gefunden hast, ist es notwendig, dass du hart daran arbeitest, ihm näher zu kommen. Dein Stern am Himmel mag von einer Wolke eine Zeit lang verdeckt werden, aber du darfst niemals entmutigt sein. Glaube weiter daran, dass Gott dir dabei helfen wird, ein Zeichen auf dieser Welt zu setzen."
Für Jürgen Höller sind Gewinner Menschen, die handeln. Verlierer sind Menschen, die immer nur darüber reden, einmal handeln zu wollen, um ihr Leben nach eigenen Vorstellungen aufzubauen.

Setze dir Ziele,
gestalte dein Leben

„Die Kräfte wachsen mit dem Blick aufs Ziel, und unbezwingbar ist, wer warten kann." Dieser ermutigende Zuspruch meines Griechischlehrers während des Theologiestudiums hat mich bis ins hohe Alter begleitet. Von ihm habe ich gelernt, zielorientiert mein Leben zu gestalten. Man muss wissen, wohin man geht. Wer nicht weiß, was er will, darf sich nicht wundern, wenn er ganz woanders ankommt. Ziele sind wie eine Landkarte, mit deren Hilfe wir uns orientieren können. Wenn ich ein unbekanntes Reiseziel ansteuere, programmiere ich meinen Navigator, der mir die Route auf schnellstem Weg anzeigt. Danach richte ich mich, um sicher anzukommen.

Für deine Lebensreise brauchst du auch Zielangaben. Wenn du herausfinden willst, was du in Zukunft erreichen willst, ist es nützlich, dich zuerst etwas genauer mit deiner augenblicklichen Lebenssituation auseinanderzusetzen. Du brauchst Klarheit über deine jetzigen Lebensbereiche und deren Bedeutung für dein Leben. Was musst du ändern oder verbessern? Außerdem ist es sehr wichtig, dass deine persönlichen Werte im Einklang mit deinen Zielen stehen, um innere Konflikte zu vermeiden.

Sei bereit, dich mit deinen Werten, Stärken, Zielen und Visionen zu beschäftigen. Ziele zu haben heißt ja, sich auf den Weg zu machen. Stimulierende Ziele wirken wie Magneten, die dich anziehen und motivieren, sie Wirklichkeit werden zu lassen.

Nutze die SMART-Methode als Erfolgsstrategie

Diese Technik für eine strategische Zielsetzung möchte ich an einem Beispiel aus meinem eigenen Leben erklären. Ich war Religionspädagoge am Berufskolleg für Wirtschaft und Verwaltung in Siegen, wo die gymnasiale Oberstufe eingeführt wurde. Dafür wurden auch Sportlehrer gesucht. Ein vierjähriges, von der Regierung finanziertes Hochschulstudium wurde angeboten. Meine Ärzte empfahlen mir damals dringend eine „Auszeit", weil ich als ehrenamtlicher Drogenberater der Schule durch die jahrzehntelange strapaziöse Mehrbelastung total ausgebrannt war. So entschloss ich mich als 36-Jähriger zu diesem Sport-Hochschulstudium. Mein Beamtenverhältnis auf Lebenszeit musste ich dafür kündigen und wurde so Sportstudent mit allen Risiken ohne Netz und doppelten Boden.

Bei der SMART-Methode steht jeder Buchstabe für ein Schlagwort, das man zum Erreichen seines Ziels beachten sollte. Das werde ich im Folgenden am Beispiel meines damaligen Berufsziels aufschlüsseln.

1) Spezifisch:
Formuliere das Ziel so konkret und spezifisch wie möglich.
Ich möchte Sportlehrer am Berufskolleg in Siegen werden.

2) Messbar:
Bestimme die Messgrößen, also was du genau erreichen willst.

Laut Studienplan wechseln sich theoretische und praktische Ausbildungsinhalte ab. Die Praxis umfasst unterschiedliche Themenbereiche wie Ballsportarten (Handball, Fußball, Basketball, Volleyball) und Individualsportarten (Geräteturnen, Leichtathletik, Schwimmen). Zu den theoretischen Themen zählen insbesondere Trainingslehre, Sportpädagogik, Mediendidaktik, Bewegungslehre und Sportpsychologie. In all diesen Fächern muss ich Klausuren schreiben bzw. körperliche Leistungsprüfungen machen.

3) Attraktiv:
Identifiziere dich mit deinem Vorhaben, damit du motiviert bleibst.

Man sagt, fast die Hälfte aller Sportstudenten breche das Studium ab, weil die körperlichen Anforderungen zu hoch seien. Das war ein fast unüberwindliches Problem, besonders für mich, zumal ich fast 20 Jahre älter war und auch keinen Altersbonus bekam. Sportverletzungen häuften sich. Dennoch ließ ich mich nicht entmutigen und erinnerte mich an meine Begegnungen mit mehrfachen Olympiasiegern wie Jesse Owens oder Carl Lewis, die jede Krise als Herausforderung annahmen. Als Christ wusste ich mich von Christus geführt, wie es im Hebräerbrief heißt: „Mit Geduld und Ausdauer können wir auch noch die letzten Meter im Wettkampf durchhalten. Dabei wollen wir allein auf Jesus schauen, der uns gezeigt hat, wie man als Sieger ans Ziel gelangt" (Hebräer

12,1–2). Ich stellte mir vor, wie ich als zukünftiger Sportlehrer meine Schüler begeistern würde.

4) Realistisch:
Schätze deine Fähigkeiten und Talente richtig ein.
Obwohl die beratenden Professoren berechtigte Bedenken hatten, ob ich wegen des „hohen Alters" die erforderlichen Leistungen bringen würde, glaubte ich dennoch an meine Erfolgschancen. War ich ein Realist mit einem kalkulierten Risiko? Ich hatte erhebliche Defizite in allen Sportarten. Aber meine Stärke war der entschlossene Wille und die eiserne Disziplin. Im Schwimmbad, in der Turnhalle und auf dem Sportplatz machte ich meine ersten erfolgreichen Übungsversuche, die mich darin bestärkten, das Ziel erreichen zu können.

5) Termingerecht:
Mache dir einen Zeitplan und lege für das Erreichen der Teilziele und des Endziels Termine fest.
Mein finanzierter Hochschul-Studiengang war auf vier Jahre begrenzt. Wie sollte ich meine Familie mit zwei schulpflichtigen Töchtern finanziell unterhalten, wenn ich nicht planmäßig fertig würde? Deshalb fokussierte ich mich auf dieses unumstößliche Studienzeitende. Ein Fixpunkt, der mich anspornte und die letzten Kraftreserven kostete. Ich habe es geschafft. Die Professoren in der Prüfungskommission hatten Tränen in den Augen, weil sie sich mit mir über das gute Examen gefreut haben.

Notiere die kleinen täglichen Erfolge

Am wirksamsten werden deine Fortschritte und Erfolge, wenn du sie schriftlich festhält, wie es die SMART-Methode vorsieht. In einer Fallstudie wertete die Harvard-Psychologin Teresa Amabile dazu mehr als 12.000 Tagebucheinträge von 238 Beschäftigten aus. Dabei stellte sie bald fest: Wer nicht das Negative, sondern vor allem die kleinen Erfolge jeden Tag notierte, war glücklicher, motivierter und auch langfristig erfolgreicher. Egal, wie klein die Errungenschaften auch waren – sie wirkten; denn jeder Erfolg, selbst Mini-Erfolge, aktivieren das Belohnungszentrum im Gehirn. Dadurch wird das Selbstbewusstsein gesteigert, das uns vor Augen führt, was wir geschafft haben und künftig schaffen können.

Es ist demzufolge motivierender, sich Teilziele zu setzen, als sich gleich das große Ganze vorzunehmen. Denn wer immer wieder ein kleines Etappenziel erreicht, der fühlt sich bestätigt und sammelt zwischendurch jede Menge positive Erfahrungen mit dem Blick auf das angestrebte Wunschziel.

Setze dir Ziele bis ins hohe Alter

Wissenschaftler der Universität Chicago untersuchten sieben Jahre lang das Gedächtnis von 900 gesunden Senioren. Von den Teilnehmern, die sich Ziele gesetzt und Aufgaben übernommen hatten, erkrankten in dieser Zeit nur halb so viele an Alzheimer wie von jenen ohne Aufgaben. Das erstaunliche Ergebnis hing nicht von anderen Faktoren wie zum Beispiel chronischen Erkrankungen ab. Mit einem standardisierten Fragebogen ermittelten die Forscher, ob die Senioren noch Ziele hatten. Eine Frage lautete etwa: „Machen Sie gerne Pläne für die Zukunft und arbeiten Sie daran, sie zu verwirklichen?" Ich bin inzwischen im 85. Lebensjahr und mache jeden Tag mit voller Begeisterung Tages-, Monats- und Jahrespläne. Ich weiß, woher ich komme, wozu ich lebe und wohin ich gehe. Mein Endziel ist die Ewigkeit.

Der Motivationsredner spricht im Mai 2011 in Xi'an, China.

Nicholas James „Nick" Vujicic (*1982)

Für Gott gibt es keine Grenzen – sei ein Wunder für andere Menschen

Der weltbekannte Motivationsredner wurde ohne Arme und Beine geboren. 2005 gründete er „Life Without Limbs", eine internationale Non-Profit-Organisation für Menschen in der gleichen Situation. Sein erstes Buch „Leben ohne Grenzen" wurde in 30 Sprachen übersetzt, weitere Bestseller folgten. Die lebensverändernde Christusbotschaft ist für Nick eine konkurrenzlose Wohltat.

„Umarme mich", bat mich Nick, nachdem er von seinem Pfleger in unser Hotelzimmer in Oberhausen hineingetragen und auf einen Stuhl gestellt worden war. Schon bald waren wir ein Herz und eine Seele, Freunde, obwohl wir uns noch nie vorher begegnet waren.

Der Australier Nick Vujicic, Sohn serbischer Einwanderer, kam am 4. Dezember 1982 in Melbourne ohne Gliedmaßen auf die Welt. Nur so etwas wie ein Minifuß mit zwei Zehen ist auf der linken Seite seines Rumpfes gewachsen, mehr nicht. Heute lebt er zusammen mit seiner chinesischen Frau und seinen vier Kindern in Kalifornien.

In den letzten 20 Jahren hat er über fünf Millionen Reisekilometer zurückgelegt und an 3.000 Orten in 70 Ländern anderen Menschen Mut gemacht, aus ihrem Leben das Beste zu machen. Er spricht in Krankenhäusern, Schulen, Kirchen, Gefängnissen, großen Hallen und Stadien. Im Internet klicken Millionen von Menschen seine spektakulären Videos an: Er springt vom Drei-Meter-Brett ins Wasser, surft im Meer, tollt mit seinen Kindern auf dem Trampolin herum – und das alles ohne Arme und Beine. Wie meistert er sein Leben, und warum sind Menschen weltweit von ihm begeistert? Das Geheimnis seines „unverschämten Glücks", wie er es nennt, heißt: Jesus. In unserem Gespräch verriet der erfahrene und glaubensstarke Lebenskünstler, was den Sinn seines Daseins ausmacht, und wie er die Herausforderungen und Krisensituationen meistert. Ständig ermutigte Nick, aus seinen Erfahrungen zu lernen und sie im alltäglichen Leben auszuprobieren.

Nimm die Herausforderungen
deines Lebens an

Das Leitthema unserer Unterhaltung fasste Nick so zusammen: „Wenn du deine Träume aufgibst, steckst du Gott in eine kleine Box. Dabei bist du sein kreatives Werkzeug. Dein Leben hat genauso wenig Grenzen, wie man Gottes Liebe einzäunen kann."

Das ist manchmal leichter gesagt als getan. Zum Glück hatte Nick Eltern, die aus seinem Leben das Beste gemacht haben. Zunächst war es für sie ein großer Schock, als ihr erstgeborener Sohn ohne Arme und Beine zur Welt kam. Sein Vater erlitt unmittelbar nach der Entbindung einen Schwächeanfall und seine Mutter weigerte sich zunächst, ihr neugeborenes Kind anzufassen. Es war eine Tragödie. „Was soll aus unserem schwer behinderten Sohn mal werden?", fragten sich die verzweifelten Eltern. Als gläubige Christen nahmen sie diese Herausforderung jedoch schließlich an: „Wir geben unser Bestes, und Gott tut den Rest."

Deine Entscheidungen betreffen nicht nur dich

Wie jeder junge Mensch fragte sich auch Nick, was aus ihm werden sollte. Als Kind wurde er gehänselt und gemobbt, litt unter Depressionen und hatte existentielle Zukunftsängste: „Ich hatte Angst davor, was kommen würde, wenn meine Eltern mich nicht mehr unterstützen könnten." Schon als Achtjähriger wurde ihm die Tragweite seines Elends bewusst: „Wie soll ich ohne Arme und Beine mein Leben meistern? Ich werde nie einen Beruf ausüben können." Das dachte er damals.

Weil er keinen Sinn in seinem Leben sah, wollte er sich umbringen. Das ging nur in der Badewanne durch Ertrinken in einem unbeobachteten Augenblick. Er hatte alles genau durchdacht. Aber im letzten Moment stellte er sich vor, welche Vorwürfe sich seine Eltern und Geschwister machen würden. Er hörte sie sagen: „Wir hätten Nick noch mehr lieben müssen, dann wäre das nicht passiert." Sie hätten sich ein Leben lang Vorwürfe gemacht und dieses Leid wollte er ihnen ersparen.

Nächtelang betete er, Gott möge ihm Arme und Beine schenken. Er weinte sich in den Schlaf und träumte, dass sie am nächsten Morgen plötzlich da seien. Und dann jedes Mal die Enttäuschung: Wenn er morgens aufwachte, zerplatzte der Wunschtraum wie eine schillernde Seifenblase. Die quälende Frage ließ Nick nicht los: „Gibt es überhaupt einen Plan für mein Leben?"

Verändere die Sicht auf dein Leben

Dann erzählte Nick, wie es in seinem unglücklichen Leben zu einer Wende kam: „Als Kind hatte ich eine beschränkte Sicht. Mein Leben war ichzentriert. Mit fünfzehn hörte ich die biblische Geschichte vom Blindgeborenen (Johannes 9,1–4), dessen Eltern Jesus fragen: ‚Wer trägt die Schuld an seiner Blindheit? Der Blindgeborene oder die Eltern?' Jesus antwortet: ‚Keiner hat Schuld. Er ist blind, weil an ihm die Macht Gottes sichtbar werden soll.'" Daraus folgerte Nick: „Als der Blinde diese Erklärung hörte, veränderte sich die Sicht auf sein Leben dramatisch. Plötzlich ging auch mir ein Licht auf. Gottes Kraft sollte auch an mir sichtbar werden. Mich überrollte eine Welle des Friedens. Ich musste mich – im Rahmen meiner Möglichkeiten – so akzeptieren, wie Gott mich geschaffen hatte. Ich hielt mich bereit. Meine neue Erkenntnis gab mir Lebensfreude und das Gefühl von Kraft."

Sei ein Wunder für andere Menschen

In der biblischen Geschichte wurde der Blinde geheilt, um seiner neuen Bestimmung zu folgen. Bei Nick blieb die körperliche Heilung aus. Und doch änderte sich seine Glaubenshaltung: „Wenn ich auch das ersehnte Wunder meiner Heilung nicht erlebe, so möchte ich ein Wunder für andere Menschen sein." Er vertraute Gott sein Leben an, bat um Vergebung seiner Schuld und erlebte eine wunderbare innere Heilung. Vier Jahre später ließ er sich taufen und wollte fortan ein Botschafter der Liebe Gottes sein. Überall, wo er hinkam und eingeladen wurde, ermutigte er leidgeprüfte Menschen, ihr schlimmes Schicksal anzunehmen und mit Gottes Hilfe zu bewältigen. Schon bald hatte er ein unvergessliches Erlebnis in der Anaheim Christian Church in Kalifornien. Vor seinem Vortrag wurde ihm der zweijährige David vorgestellt, der auch keine Arme und Beine hatte. Für ihn war dieser Junge eine Erinnerung daran, dass er trotz seiner Behinderung ein Wunder für andere sein konnte.

David inspirierte Nick: „Als ich diesen Jungen traf, da wusste ich, was ich wollte. Eines Tages möchte ich im Himmel sein mit zwei eigenen Armen und Beinen. Und dieser kleine David weiß inzwischen, dass Gott etwas mit ihm vorhat. Auch seine Eltern sind jetzt überzeugt, dass Gott einen Plan für ihren Sohn hat, auch wenn ihm die Gliedmaßen fehlen. Und eines Tages werde ich ihn im Himmel treffen. Er wird Arme und Beine haben und rufen: ‚Hey, Nick!' Ich werde mich umdrehen und David sehen. Er wird sagen: ‚Danke, Bruder, dass du mir geholfen hast zu glauben, dass ich auch im Himmel sein darf.'"

Entdecke deine Talente und bringe sie zum Blühen

„Jeder von uns hat irgendein Talent", sagte Nick. „Eine Fähigkeit, eine Gabe, die ihm Freude macht. Wer es noch nicht weiß, sollte eine Selbsteinschätzung machen. Liste deine Lieblingsaktivitäten auf. Was könntest du stundenlang tun? Und was sagen andere Leute über dich und deine Fähigkeiten?"

Nick erzählte von einem Mann, der in seiner High School die Toiletten putzte und ihm prophezeit hatte: „Du wirst mal ein Sprecher sein." Anfangs hatte er ihn für verrückt gehalten, erzählte Nick. „Dann aber fing ich an, hier und da mal was vorzutragen. Und als ich 19 Jahre alt war, kam ein Mädchen nach meinem Vortrag weinend zu mir und sagte: ‚Niemand hat mir jemals gesagt: Ich habe dich lieb. Niemand hat mir jemals gesagt, dass ich wunderschön bin, so wie ich bin.' Jetzt wusste ich, dass ich auf Menschen einwirken kann und ein Talent zum Reden habe."

Für Nick war es geradezu eine Offenbarung, als jenes Mädchen ihm gestand: „Du hast heute mein Leben verändert." Dieses Mädchen habe seine Perspektive auch noch mehr verändert. Vielleicht sei er ja doch zu etwas nütze. So habe er sein Talent entdeckt, andere Menschen aufzubauen und ihnen Mut zu machen. Dazu fiel ihm das Gleichnis von dem Bauern ein, der auf dem Feld die Saat ausstreut. Mancher Samen fällt auf die Straße oder auf einen Felsen. Aber die Saat, die auf fruchtbaren Boden fällt, geht auf. Nick kommentierte: „Wir haben von Gott Saatkörner bekommen, die wir auf dem guten Boden unseres Herzens aussäen sollen. So können wir auch unsere Talente aufblühen lassen."

Mach dir bewusst, dass du einzigartig bist

Wer Nick erlebt, hat das Gefühl, dass er sich selbst, so wie er ist, angenommen hat. Das bestätigten auch seine Worte: „Ich mache mein Selbstbild nicht von anderen abhängig, sonst werde ich verletzlich und schlüpfe in eine Opferrolle. Dann baue ich eine Mauer um mich herum, um nicht immer wieder verletzt zu werden. Aber um sein eigenes Herz kann man keine Mauer bauen. Liebe dich selbst, wie du bist. Entdecke deine Schönheit von innen und außen. Dann werden andere von dir angezogen. Anstatt dich auf deine Schwächen und Macken zu konzentrieren, solltest du dein Augenmerk auf deine Fähigkeiten richten.

Was nützt es mir, wenn mich jemand liebt und ich mich selbst nicht mag. Ich bin einzigartig, und schon deshalb schön und wertvoll."

Mach andere Menschen froh

In unserem Gespräch war es Nick ein Anliegen, Menschen zu motivieren, anderen eine Freude zu machen. „Wenn du siehst, dass jemand durch eine schwere Zeit geht, sei als Freund da, um zu ermutigen. Du solltest nicht geben, um zu empfangen. Es ist ein Dienst des Herzens. Du kannst z. B. im Krankenhaus Kinder oder Erwachsene besuchen, die an Krebs sterben werden. Viele haben schon lange nicht mehr gelächelt oder gelacht. Bringe ihnen ein kleines Geschenk und ermuntere sie ein wenig. Hilf ihnen zu erkennen, dass ihr Leben nicht sinnlos ist. Versuche, sie zu ermutigen, auch wenn du nur für einen Moment ein wenig Licht und Salz in ihre Situation bringen kannst. Und bete für andere Menschen. Das ist es, wozu Gott uns auffordert. So nehmen wir den Fokus von unserer Selbstbezogenheit weg. Indem wir andere beglücken, fällt das Glück auch auf uns zurück."

Liebe Gott und deinen Nächsten
wie dich selbst

Nick vertiefte in unserem Gespräch das ihm am Herzen liegende Doppelgebot der Liebe. Aus seiner freundschaftlichen, beglückenden Beziehung zu Gott sei auch seine positive Beziehung zu sich selbst und zu seinen Mitmenschen erwachsen. Nick erklärte weiter: „Wenn du nicht mehr dich selbst, sondern andere ins Zentrum rückst, wirst du demütiger und zufriedener. Tu für andere das, was du für dich wünschst."

Es berührte ihn immer noch sehr, von den 650 Sexsklavinnen zu berichten, denen er im indischen Mumbay mit seinem Team von Gott erzählt hatte. Anschließend hatte er jede Sklavin für 700 Dollar freigekauft. „Warum machst du das?", hätten ihn die Zuhälter gefragt. „Weil ich mich von Gott geliebt weiß", sei seine Antwort gewesen.

Und da sind Menschen wie Esther in Indonesien, die Nicks Video im Internet entdeckte und Christin wurde. Als Nick sie in Indonesien kennenlernte, war sie heimatlos, musste vierzehn Stunden am Tag arbeiten und hatte nur einen Steinfußboden als Schlafplatz. Nick stärkte ihr Gottvertrauen und verhalf ihr zu einer Ausbildung in einem christlichen College. Heute leitet sie die Jugendarbeit in einer der größten Kirchen Indonesiens und plant ein neues Projekt: ein großes Waisenhaus.

Sei aktiv, mutig und zuversichtlich

Das Leben ist für Nick kein Zuckerschlecken, sondern ein Kampfplatz, für den man viel Zuversicht braucht. Es komme auf den richtigen Blickwinkel an: „Wenn du im Leben nicht vorankommst, kann ich dir die richtige Stellschraube zeigen: Verändere deine Grundeinstellung und du veränderst dein Leben. Mit einem optimistischen Blick kann ich meine Einstellung immer so anpassen, dass ich aus jeder Situation das Beste machen kann."
Selbst aktiv zu werden, schaffe eine positive Dynamik im Sinne von Sokrates: „Wer die Welt bewegen will, sollte erst sich selbst bewegen." Natürlich hatte Nick auch die passende Bibelstelle aus dem Buch Josua 1,9 parat: „Sei mutig und entschlossen! Lass dich nicht einschüchtern und hab keine Angst, denn ich, der Herr, dein Gott, bin bei dir, wohin du auch gehst."
Dazu gehört für ihn auch die Macht der Vergebung. Als Beispiel nannte er Nelson Mandela. Als der südafrikanische Politiker mutig denen vergab, die ihn 27 Jahre lang eingesperrt hatten, habe ihm das innere Freiheit gebracht und eine ganze Nation verändert.

Du wirst keinen Erfolg
ohne Niederlagen haben

Trotz seiner positiven Lebenseinstellung erreicht der Motivationsredner und gläubige Christ längst nicht alle von ihm angestrebten Ziele. Wie geht man seiner Erfahrung nach am besten mit Niederlagen um? „Vielleicht kannst du in Zukunft deine Misserfolge sogar als Geschenk sehen", meinte er. Warum? „Weil sie oft die letzte Station vor dem Durchbruch sind. Rückschläge sind gute Lehrmeister, denn jeder Gewinner hat irgendwann einmal verloren. Wenn du aufgibst, weil du versagt hast, wirst du nie oben ankommen. Wer aufgibt, hat schon verloren."

Dann erinnerte Nick an Thomas Edison, der mehr als zehntausend erfolglose Experimente hinter sich bringen musste, bevor er eine produktionsreife Glühbirne entwickelt hatte. Die meisten Menschen, die sich als Versager bezeichnen, hätten nicht begriffen, wie kurz vor dem Erfolg sie im Moment des Aufgebens gewesen wären. Sie hätten es fast geschafft, der Durchbruch sei in greifbarer Nähe gewesen. Aber sie würden sich von den Misserfolgen davon abbringen lassen, auf ihren großen Moment zu warten. Im Üben sieht Nick den Schlüssel zum Erfolg, denn Üben sei ein Misserfolg, der zum Erfolg führe.

Mit Humor kannst du alles leichter ertragen

Es ist für den Behinderten ohne Arme und Beine nicht immer lustig, von seinen Mitmenschen verständnislos angestarrt zu werden. Wie wird Nick damit fertig? „Ich mache daraus einen Witz", sagte er gelassen. „Ich habe gelernt, über meine Behinderung und die eigenartigen Reaktionen, die sie hervorruft, zu lachen. Lachen schüttet im Körper Endorphine aus und entspannt. Sich selbst anzunehmen, ist das beste Mittel gegen die Opferrolle. Mein Leben fing an, sich wirklich zu verbessern, als mir klar wurde, dass Gott auch für mich Liebe und Hilfe übrighat."

Immer wieder versucht der an Tetraamelie Leidende zu beweisen, dass er Dinge tun kann, für die man eigentlich Gliedmaßen bräuchte. Teilweise entwickelt er dabei sogar bisher unbekannte Tricks. So ist er in der Lage, sich selbst mit einer Art Sprung einmal um die eigene Achse zu drehen.

Wo immer Nick hinkommt, versprüht er Lebensfreude und Humor. Da passieren die witzigsten Sachen. Wenn er einen Vortrag hält, stellt er sich oft ganz nah an die vorderste Kante der Bühne und schwankt, als würde er gleich herunterfallen. Er versucht, sowohl bei der Arbeit als auch beim Vergnügen, bis an die Grenzen zu gehen. Einmal hat er sich mit seinen 35 kg Körpergewicht in das Gepäckfach eines Flugzeugs legen lassen. Als ein älterer Passagier die Klappe öffnete, um dort seinen Koffer abzustellen, wäre er fast in Ohnmacht gefallen. Nick blieb cool und sagte zu ihm: ,Sie hätten wenigstens anklopfen können.'"

Sei lieber lächerlich als langweilig

Nick hat eine Lach-doch-einfach-Regel aufgestellt, die sich auf eins seiner Lieblingszitate gründet: „Unvollkommenheit ist Schönheit und Verrücktheit ist

Günther
Klempnauer
mit Nick Vujicic

Genie." Er meint: „Lieber vollkommen lächerlich als vollkommen langweilig." Jeder, der ein Risiko eingehe, werde von dem einen als Verrückter, von dem anderen aber als Genie bezeichnet. Um sich frei ausleben zu können, dürfe man keine Angst vor Risiko und keine Angst vor Spaß haben. Dazu erklärte er: „Es geht nicht darum, dumm zu sein und leichtsinnige Risiken einzugehen. Aber wenn du dich berufen fühlst und überzeugt bist, etwas Neues auszuprobieren, dann sei nicht furchtsam, es anzugehen. Manchmal ist auch ein Rückzug dran. Aber es geht auch darum, das Leben voll auszukosten. Wenn wir unsere Bestimmung wirklich ausleben, sollten wir auch Spaß dabei haben."

Sein Humor gründet in einem tiefen Gottvertrauen, das ihm eine heitere Gelassenheit schenkt. Gott motiviert ihn, sein Bestes zu tun und den Rest ihm zu überlassen.

Erfahre die Kraft der Dankbarkeit

Das Geheimnis seiner Gelassenheit liegt wohl auch in seiner Dankbarkeit, die Nick von seiner Leidensgefährtin und Freundin Joni Eareckson Tada gelernt hat. Als die siebzehnjährige Joni nach einem Unfall querschnittsgelähmt im Rollstuhl saß, flehte sie Gott an, er möge ihr zeigen, wie sie sinnvoll leben könne. Kurz nach dem Unfall überreichte ihr eine Freundin einen Bibelvers: „Seid dankbar in allen Dingen, denn das ist der Wille Gottes in Christus Jesus an euch" (1. Thessalonicher 5,18). Joni erkannte, dass ihr Leid sie an eine Kreuzung führte: „Du musst dich für einen Weg entscheiden, entweder bergab in die Verzweiflung oder bergauf in die Dankbarkeit." Jeden Tag lässt sie sich von Gott die Kraft schenken, ihr Schicksal anzunehmen.

Für Nick ist jede Krise zugleich eine Chance und Herausforderung. Aufgeben ist für ihn keine Option. Er begeistert Menschen aus einer Situation heraus, die wohl jeder andere als erdrückend empfinden würde. Sein Lebensmotto lautet: „Wir haben die Wahl, uns entweder auf unsere Enttäuschungen und Defizite zu konzentrieren, oder wir entschließen uns, dafür dankbar zu sein, was wir noch haben und tun können." In Krisenzeiten erinnere er sich daran, wie Gott ihm in der Vergangenheit geholfen habe.

Übe dich im Glauben, Lieben und Hoffen

So ziehen sich Glaube, Liebe und Hoffnung wie ein roter Faden durch das faszinierende Leben von Nick Vujicic, der Millionen von Menschen inspiriert und ermutigt hat, aus ihrem noch so bejammernswerten Leben das Beste zu machen.

Wir kamen noch einmal auf die Hoffnung zu sprechen, die für ihn so bedeutsam geworden ist. Dabei schaute er auch auf seine hoffnungslose Zeit in jungen Jahren zurück: „Als ich zehn war, glaubte ich nicht an eine gute Zukunft. ‚Du wirst allein bleiben und nie heiraten können und Kinder haben. Solltest du Kinder haben, kannst du sie nie auf den Arm nehmen, wenn sie weinen‘, dachte ich. Bin ich verheiratet? Ja! Ich kann das Herz meiner Frau und die Herzen meiner Kinder halten, und sie können mich umarmen.“

Für Nick ist die Hoffnung inmitten schlimmster Situationen auch ein Beweis für Gottes Existenz. Seine Hoffnung geht über das jetzige Leben hinaus, denn sein Endziel ist die Ewigkeit im Himmel.

Für ihn sei es eine große Hilfe, Gott an seiner Seite zu wissen, wenn Zukunftsängste ihn blockierten und der Horizont voller dunkler Wolken hinge. Ohne Zukunftsvisionen könne er nicht leben. Dabei lasse er sich inspirieren von Glaubenszeugen aus der Bibel: „Alle, die ihre Hoffnung auf den Herrn setzen, bekommen neue Kraft, sie heben die Schwingen empor wie Adler“ (Jesaja 40,31). Sein Kommentar lautete: „Ich brauche nicht die Änderung meiner Umstände. Ich brauche keine Arme und Beine, ich brauche die

Flügel des Heiligen Geistes. Und ich fliege, weil ich weiß, dass Jesus Christus mich hält."

Das spüren seine Zuhörer, die sich auch nach diesem Halt sehnen. Weil sie oftmals nicht wissen, wie sie diese Geborgenheit in Gott finden können, haben Tausende von ihnen das sehnliche Verlangen, diesen Botschafter der Liebe Gottes aus Dankbarkeit und Mitgefühl zu umarmen, wenn sie ihn erleben.

Gott liebt dich bedingungslos

Immer wieder wird Nick darauf angesprochen, warum sich nach seinen Vorträgen lange Schlangen bilden. Nick meinte, niemand stelle sich stundenlang bei ihm an, um ihn zu umarmen, weil er so umwerfend sei. Er könne sich das nur so erklären, dass er in seinen Zuhörern starke Kräfte freisetze, die so vielen Menschen in ihrem Leben fehlen: nämlich bedingungslose Liebe und Selbstannahme.

Am Abend nach unserem Gespräch sprach Nick in der ausverkauften Arena von Oberhausen eine Stunde lang zu fast 6.000 Menschen und gab ihnen Hilfestellungen, wie sie im Glauben an Christus leben können. Zum Schluss erhoben sich über 400 meist junge Menschen, um seiner Einladung zu folgen, mit ihm zu beten Ein erhebender Augenblick wie in einem Gottesdienst. Ich glaube, den meisten Arenabesuchern war Nick ans Herz gewachsen. Wie gerne hätten alle ihn umarmt.

Was dich im Himmel erwartet

Am Ende unseres Gesprächs fragte ich Nick, was er tun würde, wenn er vor Jesus stünde. „Wenn ich in den Himmel komme, möchte ich von Jesus umarmt werden. Und dann werde ich ihn fragen, womit ich es verdient habe, dass er mich auf der Erde so gesegnet und geliebt hat. Ein bisschen verstehe ich es jetzt schon, nachdem ich selber Vater geworden bin. Meine Söhne zu sehen und zu spüren, wie sehr ich sie liebe, lässt mich ahnen, mit welcher großen Liebe Gott mich liebt."

Wage das Experiment des Glaubens

Der Glaube ist eine schöpferische Macht, die in jedem Menschen angelegt ist. Glaube, Liebe und Hoffnung sind menschliche Grundbefindlichkeiten, die mit der Logik des Verstandes und der Wissenschaft nicht zu beweisen sind, sich aber mit der Logik des Herzens als unverzichtbares Lebensfundament erweisen.

Das Wort „Glaube" hat seine Wurzeln im Altindischen und bedeutet so viel wie „das Herz auf etwas setzen". Der Glaube ist aber nicht nur eine Herzensangelegenheit: Im täglichen Leben finden wir allein durch den Glauben Zugang zu fremdem Wissen und dem, was im Bewusstsein anderer Personen gespeichert ist, wenn sie uns davon erzählen. Wir glauben ihnen, wenn sie uns glaubwürdig erscheinen. Diese Art natürlichen Glaubens macht größtenteils unsere Alltagserkenntnis aus und ist oft auch die Grundlage unserer Urteilsfindung. Der Glaube hat immer einen persönlichen Aspekt: „Ich glaube dir, dass du mir die Wahrheit sagst."

Überhaupt jedes vermeintliche Wissen sowohl in der Naturwissenschaft als auch in der Geschichtswissenschaft und in vielen anderen Bereichen ist immer von einem Stück Vertrauen und Glauben begleitet. Man muss glauben, dass die Daten stimmen. Zum Glauben gehören jedoch auch Kritikfähigkeit, Zweifel, Nachfragen und Nachdenken.

Du brauchst Urvertrauen als Lebensfundament

Überzeugender Glaube braucht eine Vertrauensgrundlage, etwas, worauf ich mich verlassen kann.
Das gilt nicht nur für den Umgang mit mir selbst und
anderen Menschen. Zum Menschsein gehört auch
das Urvertrauen oder das religiöse Grundbedürfnis,
sich aufgehoben zu fühlen und seinem Leben einen
Sinn zu geben. Darauf kann die Wissenschaft keine
Antwort geben. Der Mensch fragt über sich selbst
hinaus und sehnt sich nach einer personalen Beziehung zu einem Gott, dem er im Leben und im Tod
vertrauen kann.

Das Christentum ist die Lehre von der Erfüllung des
Lebens, von der Größe des Menschen in seiner Ausrichtung auf einen letzten Grund, den alle Menschen Gott nennen. Es ist die Antwort auf die tiefste
Sehnsucht des Menschen nach Angenommensein
und Geliebtsein.

So wie ich das Geheimnis einer Person nur dann erkenne, wenn diese Person sich mir in einer Vertrau-
ensbeziehung mitteilt und offenbart, so kann ich
auch Gott nur kennenlernen, wenn er sich mir durch
mein Vertrauen zu ihm offenbart. Der Sinn der biblischen Offenbarungsgeschichte ist, dass Gott nicht
mehr aus der Distanz eines unsichtbaren Gottes
wirkt, sondern dass er sehr konkret in Jesus Christus
in dieser Welt erscheint und das Leben der Menschen
miterlebt bis zum Tod am Kreuz und darüber hinaus.
Seine frohe Botschaft lautet: „Ich bin die Auferstehung und das Leben. Wer an mich glaubt, wird ewig
leben, auch wenn er stirbt" (Johannes 11,25). Der

Glaube ist die tiefste, innerste Überzeugung, dass Gott da ist, ein unerschütterliches Vertrauen in seine Person bzw. in sein gütiges, fürsorgliches und liebevolles Wesen.

Ich sehe weit und breit keinen anderen Weg, wo ich wie im Glauben Sinn, Wahrheit, Hoffnung, Glück und jeder Kritik standhaltende Motive für Gerechtigkeit, Nächsten- und Feindesliebe finden könnte. Ich kann von diesem Glaubensweg nicht abweichen. Christlich glauben heißt also, sich auf den gekreuzigten und auferstandenen Jesus Christus zu verlassen, darauf, dass er der Weg, die Wahrheit und das Leben ist.

Wer diese beglückende und motivierende Erfahrung machen will, sollte die wegweisenden Worte aus dem Hebräerbrief (11,5–6) im Neuen Testament beachten: „Freude kann Gott aber nur an jemandem haben, der ihm fest vertraut. Ohne Glauben aber ist das unmöglich. Wer nämlich zu Gott kommen will, muss darauf vertrauen, dass es ihn gibt und dass er die belohnen wird, die ihn suchen und nach seinem Willen fragen."

Du musst glauben, um zu erkennen

In derselben Woche, in der der 80-jährige Atomphysiker und Friedensforscher Carl Friedrich von Weizsäcker vom US-Magazin „TIME" zu den sieben genialsten Persönlichkeiten des 20. Jahrhunderts gewählt wurde, sprach er mit mir über seine Glaubensbeziehung zu Jesus. Christus habe ihm einen neuen

Lebenshorizont eröffnet. Ich fragte ihn nach dem Grundsatz seines väterlichen Freundes, des Physikers und Nobelpreisträgers Werner Heisenberg: „Ich glaube, um zu erkennen." Er erklärte: „Um eine wissenschaftliche Erkenntnis zu gewinnen, muss ich erst das Experiment des Glaubens machen. Wissenschaft beruht auf Erfahrung. Im Christentum kann man wesentliche Erfahrungen nicht gewinnen, ohne eine persönliche Entscheidung, die einen Weg eröffnet und andere Wege verschließt. Nicht das verstandesmäßige Fürwahrhalten, sondern das existenzielle Vertrauen gibt dem religiösen Glauben seine Kraft." Bereits vor 2.000 Jahren bekannte der Apostel Petrus stellvertretend für die anderen Jünger Jesu: „Herr, zu wem sollen wir denn gehen? Nur deine Worte bringen das ewige Leben. Wir glauben und haben erkannt, dass du Christus, der Sohn Gottes, bist" (Johannes 6,68 f.).

Dieser Glaube, durch den ich Zugang zu Gott, meinen Mitmenschen und mir selbst bekomme, kann laut Jesus Berge versetzen. Die Frage ist, mit welchem Inhalt ich mein Glaubensgefäß fülle, das sowohl für positive wie negative Informationen offen ist; denn im schöpferischen Glauben vereinen sich Gefühl und Wille, Bewusstsein und Unterbewusstsein, die gesund, aber auch krank machen können. Wie gehst du verantwortlich damit um?

Prof. Dr. Viktor E. Frankl (1905–1997)

Der Wille zum Sinn – trotzdem Ja zum Leben sagen

Der Neurologe und Psychiater begründete die Logotherapie und Existenzanalyse. 29 Universitäten haben dem Österreicher die Ehrendoktorwürde verliehen. In allen Erdteilen gibt es Logotherapie-Institute, die seine Fackel weitertragen. 2015 wurde in Wien ein Viktor-Frankl-Museum eröffnet.

Seine 35 Bücher sind in 20 Sprachen übersetzt worden und haben eine Auflage von weit über 20 Millionen Exemplaren erreicht. Eines seiner bekanntesten Werke ist das im Jahr 1946 erschienene „… trotzdem Ja zum Leben sagen", in welchem der Psychologe

seine Erlebnisse in den NS-Konzentrationslagern reflektiert.

Wenn heute dein letzter Tag wäre ...

„Was würdest du tun, wenn du nur noch einen Tag
zu leben hättest?" Diese Frage stellte ich schriftlich
530 Jugendlichen in einer repräsentativen, anony-
men Umfrage. Zu meiner Überraschung stand bei der
Auswertung die Frage nach dem Sinn des Lebens an
erster (36 %) und die Gottesfrage an zweiter Stelle
(32 %).
Als ich dem Wiener Psychologieprofessor Dr. Viktor
E. Frankl dieses unerwartete Resultat der bundes-
weiten Schülerumfrage vortrug, war er keineswegs
überrascht. Dabei zitierte er Oswald Spengler, der
in seinem 1918 geschriebenen Buch „Der Untergang
des Abendlandes" bereits erkannt hatte: „Bevor das
20. Jahrhundert zu Ende geht, werden sich Menschen
von hoher Intelligenz viel mehr der Frage nach dem
Sinn ihres Lebens zuwenden, als sie es jetzt tun, wo
sie fasziniert sind von der Technologie und Wissenschaft."
Zeitlebens war der weltberühmte Begründer der Logotherapie auf der Suche nach Sinn und Übersinn
(Gott), denn diese Suche gehört nach seiner wissenschaftlichen Erfahrung zum Wesen des Menschen.
Bei unserem ersten Gespräch war der damals bereits
84-Jährige gerade von einer anstrengenden Vortragsreise aus Amerika und Asien zurückgekehrt. Er war
sichtlich erfreut, dass ich als deutscher Theologe sei-

ne Logotherapie zu würdigen wusste. Frankl sah viele Parallelen zwischen seiner Logotherapie, der Heilung durch Sinn, und der Theologie. Dabei verwies er auf den Prolog des Johannesevangeliums, in dem es heißt: „Am Anfang war der Logos", also das Wort, weitergefasst sind damit auch Kraft und Sinn gemeint. Weiter heißt es: „Und der Logos wurde Fleisch und wohnte unter uns und wir sahen seine Herrlichkeit, nämlich Jesus." In wiederholten Gesprächen betonte der Wiener Psychiater mir gegenüber, es sei für ihn überhaupt kein Problem, dass er Jude und Mediziner und ich Christ und Theologe sei. „Ich fühle mich bei Ihnen in einem ganz außerordentlichen Sinne sehr verstanden und möchte den Gedankenaustausch mit Ihnen beibehalten", erklärte der bis an sein Lebensende kontaktfreudige Gelehrte. Unser Gesprächsaustausch nahm allerdings bald ein Ende: Am 4. August 1997 starb der letzte große Psychotherapeut des 20. Jahrhunderts im Alter von 92 Jahren an Herzversagen.

Verwandle Tragödien in Triumphe

Frankl sah drei Wege, wie ein Mensch den Sinn seines Lebens finden könne. Er sprach zum einen von einer Tat oder einem Werk, das der Mensch schaffe. Dann könne Sinn erlebt werden durch die Arbeit, in der Liebe oder durch unsere Einstellung zu einer konkreten Lebenssituation. Auch Leid, Schuld und Tod könnten in Sinn umgewandelt werden. Leid lasse sich in Leistung oder Kreativität transformieren, Schuld in

Wandlung und die Vergänglichkeit des Menschen in einen Ansporn zu verantwortlichem Handeln.

Frankl war kein Freund trockener Theorie. Vielmehr wusste er seine Erkenntnisse mit Beispielen zu belegen. Wie man eine persönliche Tragödie in einen menschlichen Triumph umwandeln könne, veranschaulichte er an der Geschichte einer jüdischen Frau: Diese Frau trug immer ein Armband mit den in Gold gefassten Milchzähnen ihrer neun Kinder. Alle neun wurden im KZ vergast. Sie selbst hatte den Holocaust überlebt und war Leiterin eines Waisenhauses in Israel geworden. Sein Fazit: Sinn sei möglich trotz des Leidens.

Sag trotzdem Ja zum Leben

Ich wurde sofort an Viktor Frankl selbst erinnert, der als Jude drei Jahre in vier Konzentrationslagern überlebt hatte. Es komme auf die Einstellung an, die ein Mensch zum Leben habe, meinte er. „Kennen Sie mein Buch ‚… trotzdem Ja zum Leben sagen'?" Ohne meine Antwort abzuwarten, spulte er wie einen Film seine tragischen KZ-Erlebnisse ab. In seiner trostlosen und unmenschlichen Situation hatte er sich damals vorgestellt, wie er später als Dozent in einem Wiener Hörsaal vor interessierten Zuhörern einen Vortrag mit dem Titel „Psychotherapeutische Erfahrungen im Konzentrationslager" halten würde. Er hatte die erhoffte Zukunft in Freiheit bereits in seiner Fantasie vorweggenommen und konnte daraus positive Kräfte gewinnen.

Am eindrucksvollsten habe er die heimlich abgehaltenen Gottesdienste und improvisierten Gebete empfunden. Von Zeit zu Zeit habe er zum Himmel aufgeschaut und im Geist Gespräche mit seiner ebenfalls ins KZ verschleppten Ehefrau geführt. Er habe sich im Innersten an das Bild seiner geliebten Frau hingegeben. Diese Liebe sei stärker als der Tod gewesen. Die Intensität solchen Erlebens könne die Umwelt und die ganze furchtbare Situation vollends vergessen lassen.

Bewahre dir angesichts der Sinnlosigkeit die geistige Freiheit

Eine innere Gewissheit hielt ihn letztlich am Leben, er bekannte: „Im letzten Aufbäumen gegen die Hoffnungslosigkeit eines Todes, der vor dir ist, fühlst du, wie dein Geist über diese ganze trostlose Welt hinausdringt und auf deine Fragen nach einem letzten Sinn dir schließlich von irgendwoher ein sieghaftes Ja entgegenjubelt." In dieser gnadenhaften Erfahrung sah Frankl einen Beweis dafür, dass man den Menschen im Konzentrationslager alles nehmen könne, nur nicht die letzte menschliche Freiheit, sich zu den gegebenen Verhältnissen so oder so einzustellen. Diese geistige Freiheit ließe den Menschen auch noch bis zum letzten Atemzug Gelegenheit finden, sein Leben sinnvoll zu gestalten, selbst wenn ihm das schöpferische wie genießerische Leben längst verschlossen seien.
Denn wenn Leben überhaupt einen Sinn hat, dann

muss auch Leiden einen Sinn haben. Schließlich gehört das Leiden doch irgendwie zum Leben dazu. Not und Tod machen das menschliche Dasein erst zu einem Ganzen.

Frage, was das Leben von dir erwartet

Rückblickend bedauerte Frankl, dass nur wenige KZ-Häftlinge sich im Lager zu ihrer vollen inneren Freiheit bekannt hatten. Das lateinische Wort „finis" habe bekanntlich zwei Bedeutungen: Ende und Ziel. Ein Mensch nun, der nicht das Ende einer (provisorischen) Daseinsform abzusehen imstande sei, vermöge auch nicht auf ein Ziel hin zu leben. Er könne nicht mehr, wie der Mensch im normalen Dasein, auf die Zukunft hin existieren. Dadurch aber verändere sich die gesamte Struktur seines Innenlebens. Es komme zu inneren Verfallserscheinungen, wie wir es von anderen Lebensgebieten her bereits kennen. In einer ähnlichen psychologischen Situation befinde sich z. B. der Arbeitslose.

Die totale Entwertung der Realität verführt vollends dazu, sich gehen zu lassen – da ja ohnehin alles zwecklos erscheint. Dabei gibt gerade eine außergewöhnlich schwierige äußere Situation als Bewährungsprobe dem Menschen Gelegenheit, innerlich über sich selbst hinauszuwachsen. Dem Menschen ist es nun einmal eigen, nur mit der Perspektive auf eine Zukunft hin eigentlich existieren zu können. Wer an seine Zukunft nicht mehr zu glauben vermochte, war im Konzentrationslager verloren. Mit der Zukunft verliert man den geistigen Halt. Nur wer für sein Leben ein Warum kennt, erträgt fast jedes Wie.

Wenn jemand mit Selbstmordabsichten sagt, er habe vom Leben nichts mehr zu erwarten, dann gilt es, ihm zu zeigen, dass das Leben etwas von ihm erwartet, dass etwas im Leben, in der Zukunft, auf ihn wartet. Es kommt nicht darauf an, was wir vom Leben noch zu erwarten haben, sondern was das Leben – in anderen Worten: Gott – von uns erwartet. Wir sollen uns selbst als die Befragten erleben, als diejenigen, an die das Leben täglich und stündlich Fragen stellt. Fragen, die wir nicht durch Grübeln, sondern durch richtiges Verhalten beantworten sollen.

Verliere dich im Leiden an eine Aufgabe

Zu meinem Erstaunen erzählte Viktor Frankl, dass er nach Auschwitz ein fertiges Buchmanuskript über die Logotherapie bzw. ärztliche Seelsorge mitgebracht hatte, eingenäht unter dem Mantelfutter. Während seines dreijährigen KZ-Aufenthalts hätten sich seine Überlegungen erhärtet, wie man in solch extremen Situationen durchhalten könne. Später habe sich dann in allen japanischen, koreanischen und amerikanischen Kriegsgefangenenlagern seine These bestätigt, wie wichtig die Vision sei, zu den Menschen zurückzukehren, die man liebt und von denen man geliebt wird. Das habe die Menschen am tiefsten motiviert durchzuhalten.

Als Frankl am 27. April 1945 aus dem KZ befreit wurde und nach Wien zurückkehrte, wartete niemand auf ihn. Seine Ehefrau, seine Eltern und sein Bruder waren in den Lagern vergast worden. Nie kam ein Wort des Hasses über seine Lippen, und er wehrte sich energisch gegen den Gedanken der Kollektivschuld. „Trotzdem Ja zum Leben sagen", das erwartete das Leben in dieser Phase von ihm. „Ich habe mich trotz meiner vielfachen Trauer in die Arbeit gestürzt und meine Habilitation ‚Die ärztliche Seelsorge' geschrieben. Das war mein erstes Buch. Die Hingabe an eine Sache oder eine Person möchte ich als Selbsttranszendenz bezeichnen, bei der man sich selbst vergisst und sein Leiden übersieht. Selbstverwirklichung kann am besten erreicht werden durch Selbstvergessenheit – selbstvergessene Hingabe an eine Aufgabe oder an einen Partner."

Gib deine Leidenserfahrungen an andere Menschen weiter

Das Buch über seine KZ-Erlebnisse ist in 22 Sprachen übersetzt und allein in den USA drei Millionen Mal verkauft worden. Nicht ohne Stolz und Dankbarkeit sagte er: „Es beschämt mich, wie viele Menschen daraus Trost und Kraft empfangen haben. Für Psychologiestudenten an vielen amerikanischen Universitäten gehört dieses Buch zur Pflichtlektüre. Immer wieder bekomme ich Dankesbriefe, wo es unter anderem heißt: ‚So etwas habe ich noch nie gelesen. Meine bisherigen Werte und Lebenseinstellungen muss ich gründlich überdenken. Mein Leben soll nicht nutzlos sein, sondern einen Wert für andere haben.'"

Auf die Frage, wie er rückblickend diese schreckliche Zeit beurteile, antwortete der ehemalige KZ-Häftling: „Ich kann es selber nicht verstehen, wie ich imstande war, all das durchzustehen, was das Lagerleben von mir verlangt hat. Gekrönt wird aber all dieses Erleben von dem köstlichen Gefühl, nach all dem Erlittenen nichts mehr auf der Welt fürchten zu müssen – außer meinen Gott."

Nimm das Leid als positive Herausforderung an

Den tiefsten Sinn könne man durch die richtige Einstellung zum Leiden finden, mag es noch so sinnlos erscheinen, unterstrich der selbst so schwer Geprüfte: „Durch eine positive Haltung zum Leid kommen die höchstmöglichen Werte des Menschen zum Einsatz: Tapferkeit, Geduld, Mut, Durchhaltevermögen, Urvertrauen zum Dasein, auch wenn ich es jetzt nicht spüre. Die Ahnung von einem letzten Sinn, der im Menschen schlummert, wird geweckt." Jede uns begegnende Lebenssituation habe einen Aufforderungscharakter.

Ob er noch heute – 50 Jahre danach – vom Konzentrationslager träume? „Hin und wieder träume ich davon. Im Traum arrangiere ich mich mit den damaligen Gegebenheiten und versuche, die jeweilige Herausforderung zu bewältigen. Wenn ich mich heute in einer heiklen Situation befinde, rufe ich mir eine Szene aus Auschwitz ins Gedächtnis zurück und sage mir dann: Als du auf dem Appellplatz mit Hungerödemen und ohne Socken stundenlang im Schnee hast stehen müssen – was hättest du damals nicht dafür gegeben, in einer solch miesen Situation zu sein, wie der, in der du jetzt gerade bist? Eine solche Vergleichsbasis kann manchmal sehr heilsam sein."

Mobilisiere die Trotzmacht deines Geistes

Viktor Frankl spricht von der Trotzmacht des Geistes, die mobilisiert werden könne. Sie finde ihre Anwendung in Situationen, in denen der Geist den Ängsten und Schwächen der eigenen Seele trotzen müsse. Der passionierte Bergsteiger – von 1924 bis 1984 aktiv – sprach von seiner Höhenangst. Deshalb habe er sich dieser Herausforderung gestellt und angefangen zu klettern. Noch mit 80 Jahren schaffte er den dritten Schwierigkeitsgrad und machte mit 67 Jahren seinen Pilotenschein.

Sein Motto lautete: „Man muss sich nicht alles von sich selber gefallen lassen und auch der Angst trotzen. Muss ich mir die Angst vor dem Bergsteigen gefallen lassen? Kann ich nicht stärker sein als die Angst? Mit anderen Worten: Bin ich stärker als der Schweinehund in mir, der sich nicht zu klettern traut? Je mehr ich auf den Horizont zugehe, umso mehr weicht er vor mir zurück. Und genau damit wachse ich über mich selbst hinaus. Die Grenzen sind unabsehbar. Man muss sie auskundschaften."

Was du erlebt hast, kann dir niemand rauben

Der Bergsteiger Reinhold Messner fragte Frankl im hohen Alter, was sein Leben noch lebenswert mache, wenn er – rein physisch gesehen – nicht mehr in die Höhe und Weite auf den Horizont zugehen könne. Der weise alte Mann antwortete: „Alles, was der Mensch geschaffen und erlebt hat, ist nicht unwiederholbar verloren, sondern unverlierbar geborgen. Nichts kann man aus der Vergangenheit herausschaffen. Was sie getan und erlebt haben, das bleibt doch."

Zusammen mit dem Hirnforscher Otto Pötzl hat Frankl ein Buch über das Absturzerlebnis beim Klettern herausgebracht: „Wir wollten neurophysiologisch speziell das sogenannte Zeitrafferphänomen erklären. Nachweislich haben jene Bergsteiger, die im Gebirge abgestürzt sind, in Bruchteilen von Sekunden ihr ganzes Leben vor ihrem inneren Auge wie einen Film gesehen. Alles ist aufgehoben. Alle Liebe, die man geliebt, ja sogar alles Leiden, das man mit Tapferkeit und Würde durchgestanden hat, kann niemand mehr ändern. Was du erlebt hast, das kann keine Macht der Welt dir rauben. Der Schriftsteller Antoine de Saint-Exupéry hat es treffend gesagt: ‚Die Vollkommenheit liegt nicht darin, dass man nichts mehr hinzutun kann, sondern dass man nichts mehr wegnehmen kann.'"

Frankl veranschaulichte das mit einem Gleichnis: Der Bauer bringt im Sommer das Heu in die Scheune ein. Das Heu sind die Erinnerungen, z. B. die Klettertouren, die man gemacht hat. Im Herbst und Winter wird das Heu für das Vieh wieder herausgeholt. Auf dieselbe Weise kann man von seinen Bergerlebnissen träumen und davon zehren.

Erwarte von der Wissenschaft nicht den letzten Sinn

Und wie hält es der Wiener Logotherapeut mit der Religion? Auf seiner Suche nach Sinn zog sich seine Ahnung, dass es einen Gott geben muss, wie ein roter Faden durch sein Leben. „Es gibt Situationen, wo uns erst im Nachhinein der Sinn des Ganzen aufgeht", sagte er wiederholt. „Denken wir doch an einen Film, der sich aus vielen einzelnen Szenen zusammensetzt. Aber der Sinn des ganzen Films dämmert uns erst gegen Ende der Vorstellung, vorausgesetzt, dass wir auch den Sinn jeder einzelnen Szene mitbekommen.

Stellen Sie sich vor, einem Affen werden schmerzhafte Injektionen gegeben, um ein Serum gegen Polio zu gewinnen. Wird der Affe jemals begreifen, warum er leiden muss? Nein, denn die menschliche Welt ist ihm nicht zugänglich. In ihre Dimension langt er nicht hinein. Ergeht es dem Menschen anders? Ist die Welt des Menschen eine Art Endstation, sodass es jenseits von ihr nichts mehr gäbe? Müssen wir nicht eher annehmen, dass die menschliche Welt selber und ihrerseits überhöht wird von einer nun wieder dem Menschen nicht zugänglichen Welt, in der allein erst der Sinn seines Leidens zu finden wäre? Die höhere Dimension ist dem Menschen ebenso wenig zugänglich wie dem Affen die menschliche Dimension. Deshalb findet sich auch im wissenschaftlichen Weltbild kein Platz für den letzten Sinn. Die Wissenschaft ist sinnblind. Wenn wir davon ausgehen, dass es einen letzten Sinn gibt, dann wird sich dieser Glaube schöpferisch auswirken. Hier hat der Glaube das Wort. Aber was unwissbar ist, muss nicht unglaublich sein. Wo die Argumente für und gegen einen letzten Sinn einander die Waage halten, können wir uns für die eine der zwei Denkmöglichkeiten entscheiden. Angesichts der beiden Denkmöglichkeiten spricht der gläubige Mensch sein Amen, d. h.: ‚So sei es.'"

Der Wiener Jude gebrauchte auch gern ein anderes Bild: „Haben Sie jemals auf einer Bühne gestanden? Dann erinnern Sie sich doch daran, dass Sie – geblendet vom Rampenlicht – anstelle des Zuschauerraums nichts gesehen haben als ein großes schwarzes Loch. Aber es wäre Ihnen nicht eingefallen, an der Anwesenheit von Zuschauern zu zweifeln, oder? Geblendet vom Schein der Alltäglichkeit, füllen Sie das große schwarze Loch mit Symbolen, hinter der für Sie eine göttliche Wirklichkeit steht."

Entscheide dich für Gott, und du erfährst Sinn

Nach Frankl wird der Mensch auf der Suche nach diesem letzten Sinn von seinem Gewissen als Sinn-Organ geleitet. Es hat die Fähigkeit, den einmaligen und einzigartigen Sinn, der in jeder Situation verborgen ist, aufzuspüren. Ein waches Gewissen macht widerstandfähig, sodass man sich eben nicht dem Konformismus fügt und dem Totalitarismus beugt. Aber das Gewissen kann den Menschen auch irreführen, wenn es nicht gebunden ist an die göttliche Instanz.

Der Glaube an Gott könne nicht erzwungen werden, ebenso wenig wie man Liebe erzwingen könne. „Wollen Sie jemanden dazu bringen, dass er an Gott glaubt, dann müssen Sie ihm Gott glaubhaft machen – und vor allem müssen auch Sie selbst glaubwürdig wirken. In der Tiefe des Unbewussten ist eigentlich jeder von uns zumindest im weitesten Sinne des Wortes gläubig, mag der Glaube auch noch so sehr verdrängt und verschüttet worden sein. Gott ist der Partner auch unserer intimsten Selbstgespräche, d. h. wann immer wir in letzter Einsamkeit, in letzter Ehrlichkeit, in letzter Offenheit mit uns selbst sprechen, kann man sagen, dass der Partner, an den wir uns dann wenden, auch Gott genannt werden kann."

Wenngleich sich der Wiener Psychiater in seinem Buch „Der unbewusste Gott" mit der Gottesfrage beschäftigt hat, so könne er das als Wissenschaftler nur sehr behutsam tun, um nicht in die „religiöse Ecke" gestellt zu werden, wie er mir gegenüber betonte. Aber er scheute sich nicht, Religion als Erfüllung eines Willens zum letzten Sinn zu definieren. Er zitierte den Naturwissenschaftler Albert Einstein: „Religiös zu sein bedeutet, eine Antwort auf die Frage gefunden zu haben: Worin besteht der Sinn des Lebens?"

Bereits in den 50er-Jahren habe er den protestantischen Pfarrern in den USA gesagt, sie bräuchten sich keine Couch für psychoanalytische Sitzungen in ihr Amtszimmer zu stellen, erzählte mir Viktor Frankl und beschwor mich geradezu: „Sie haben es gar nicht nötig, bei Sigmund Freud Nachhilfeunterricht zu nehmen. Vielmehr sollten sie den Gott der Bibel verkündigen. Das ist wesentlich effektiver." Fast entschuldigend sagte er nach einer Denkpause: „Sie müssen verstehen, dass ich mich als Wissenschaftler mit der Gottesfrage nicht intensiv auseinandersetzen kann, auch wenn ich privat Gott bejahe und an ihn glaube."

Jedem, der seine Erkenntnisse und Erfahrungen sowie ihre weltweiten heilsamen Auswirkungen ihm gegenüber zu würdigen versuchte, erzählte Viktor Frankl gern von seiner Audienz bei Johannes Paul II.: „Der Papst fand liebenswürdige Sätze für meine Arbeit. Daraufhin sagte ich zu ihm: ‚Was Sie da alles aufzählen, macht mich traurig. Während ich meine getane Arbeit bedenke, wird mir bewusst, was ich alles hätte tun können und tun müssen und nicht getan habe.'"

Lass dich von Siegern inspirieren

Wenn Laura Wilkinson wüsste, dass sie vor 20 Jahren nicht nur Millionen Amerikaner durch ihren Olympiasieg im Turmspringen begeistert, sondern auch einen frustrierten deutschen Studenten motiviert hat, Deutscher Meister im 400-Meter-Hürdenlauf zu werden, würde sie sich sicher freuen. Die inzwischen 42-jährige US-Amerikanerin will immer noch – nicht nur für ihre vier Kinder – ein sportliches Vorbild sein. Die mehrfache Weltmeisterin hat sich für die Olympischen Spiele 2020 in Tokio qualifiziert und wollte ihren legendären Olympiasieg von 2000 wiederholen. Corona hat es vorerst verhindert.

Glaube, dass manchmal Unmögliches möglich wird

Laura Wilkinson sah ich erstmals 2001 auf dem Bildschirm in einem Fernsehgottesdienst aus der Crystal Cathedral in Los Angeles in einem Interview mit Pfarrer Dr. Robert Schuller.

Die Olympiasiegerin erzählte, sie habe wegen einer schweren Fußverletzung sechs Monate vor den Olympischen Sommerspielen 2000 nicht trainieren können und sei deshalb so gut wie chancenlos gewesen. Dabei sei es immer ihr größter Wunsch gewesen, mit ihrem sportlichen Talent Gott zu verherrlichen und ihren Dank auszudrücken, denn der

Glaube an Jesus habe ihr nach einer schweren Krise neuen Lebensmut geschenkt. Die Turmspringerin glaubte auch dieses Mal, dass für Gott nichts unmöglich sei. Es liege allein in seiner Macht, ob es zu einer Olympiateilnahme reichen würde.

Jedenfalls wollte sie das Beste aus der Situation machen. Ein halbes Jahr lang trainierte sie mental, indem sie sich den Bewegungsablauf ihres Kürsprungs vom Zehn-Meter-Sprungbrett bildlich vorstellte und verinnerlichte. Hirnforscher empfehlen eine solche Visualisierung, denn für das Gehirn ist die geistige Vorstellung des Ablaufs genauso effektiv wie die reale Ausführung. Erst wenige Tage vor Olympiabeginn konnte Laura mit ihrem zerquetschten Fuß unter Schmerzen wieder die ersten Sprünge machen. Ihr Glaube und Kampfgeist wurden belohnt. Sie gewann als US-amerikanische Turmspringerin die erste Goldmedaille seit 1964.

Achte darauf, ob Menschen deine Hilfe brauchen

Einen Tag nach dem von mir aufgezeichneten Fernsehgottesdienst aus der Crystal Cathedral im Mai 2001 las ich in der Siegener Zeitung einen traurigen Bericht über Jan Schneider, der als Hürdenläufer wegen schlechter Leistungen vom Höhentraining in Südafrika ausgeschlossen worden war. Der 25-jährige Student war am Boden zerstört, weil sein unermüdlicher Einsatz nichts gebracht hatte. Als sein ehemaliger Sport- und Religionslehrer am Siegener

Berufskolleg für Wirtschaft und Verwaltung bot ich ihm am Telefon meine Hilfe an. Wenn er noch ein sportliches Ziel verfolge, sei nichts verloren, sondern fast alles gewonnen, tröstete ich den frustrierten jungen Mann. In vier Wochen könne er trotz seines Leistungstiefs theoretisch an den deutschen Leichtathletikmeisterschaften in Stuttgart teilnehmen, sagte er. Daraufhin lud ich ihn zu mir nach Hause ein und stellte zu meinem Erstaunen fest, dass er körperlich in bester Verfassung war. „Was ist das Problem?", fragte ich ihn. „Wenn ich bei einem Wettkampf in den Startlöchern auf den Startschuss warte", sagte er, „steht jedes Mal dasselbe Bild vor meinen Augen: Ich berühre die vierte Hürde beim Überspringen und komme fast ins Strauchen. Dadurch verlangsamt sich mein Lauf und ich verliere meinen Elan und Zehntelsekunden."

Was war zu tun, um Leib, Geist und Seele des leistungswilligen Sportlers wiederaufzubauen? Ich hatte einen Monat Zeit, ihn auf seinen entscheidenden Lauf vorzubereiten und einzustimmen. Zuerst schauten wir uns den aufgezeichneten Fernsehgottesdienst mit Laura Wilkinson an.

Jan war entzückt von der bildhübschen Turmspringerin und zugleich tief beeindruckt von ihrer Glaubenszuversicht, Entschlossenheit und Zielstrebigkeit. „Als Mentaltrainer stelle ich dir folgende Aufgabe", sagte ich bestimmt. „Weil der Sieg im Kopf beginnt, stellst du dir mehrmals am Tag folgendes Bild vor: Während du auf der Laufbahn in deinem Block kniest und voller Konzentration auf das Startsignal wartest, siehst du dich elegant und mühelos über die vierte Hürde schweben. Diesen Bewegungsablauf musst du solange verinnerlichen, bis er automatisiert ist. Nur so kannst du diese Blockade lösen, die dir allen Elan nimmt."

Suche Vorbilder des Glaubens, die dich motivieren

Ich betonte, dass wichtiger als das Vertrauen zu sich selbst das Vertrauen zu Gott sei, der unser Leben in seiner Hand hält, und Jan stimmte mir zu. Zur Glaubensstärkung lenkte ich seine Gedanken auf sein Vorbild Edwin Moses. Der US-amerikanische Hürdenläufer, der zweimal Olympiasieger und zweimal Weltmeister wurde, hat viermal seinen eigenen Weltrekord verbessert. Ich hatte das unglaubliche Glück, mit dem studierten Physiker und Superathleten auf dem Höhepunkt seiner Sportkarriere am 30. August 1983 einen halben Tag in Köln zu verbringen. Der damals 27-jährige „Weltsportler des Jahres" bekannte mir: „Zur Lebensfreude gehört für mich ein gesundes Erfolgsstreben. Dabei erkenne ich aber auch meine Grenzen, und möchte mich nicht auf Kosten anderer Menschen verwirklichen. Vielmehr möchte ich andere Menschen durch meine Leistungen stimulieren, damit sie auch ihre eigenen Talente mobilisieren." Edwin Moses verstand sein Leben als ständige Bewährungsprobe und Herausforderung. Wegen einer schweren Lungenentzündung musste er einmal ein ganzes Jahr pausieren. Dann stolperte er beim Training über die achte Hürde, verletzte sein

Knie und war zwei Jahre lahmgelegt. Auf meine Frage, wie er mit schweren Verletzungen und Enttäuschungen fertig geworden sei, antwortete er: „Ich spreche darüber mit Gott, nicht nur im Wettkampf, sondern jeden Tag. Wir haben unser Leben nicht in der Hand und sind besiegbar. Ohne meine christliche Lebensperspektive würde ich mein Dasein nicht als sinnvoll empfinden können."

Der Begleiter von Moses hörte seinem Freund aufmerksam zu und hatte offensichtlich das Bedürfnis, mir auch seine Botschaft zu vermitteln. So fragte ich Rodney Milburn neugierig, ob er auch was mit dem Sport zu tun habe. „Ich bin 1972 Olympiasieger im 110-Meter-Hürdenlauf in München geworden", überraschte er mich. Ob er noch Erinnerungen an den Endlauf im Münchner Olympiastadion hatte, wollte ich von dem US-Amerikaner wissen. Die Antwort sprudelte nur so aus ihm heraus: „Vor dem Startschuss gab ich Gott das Versprechen, alles zu seinem Ruhm tun zu wollen. Ganz gleich, ob ich gewinne oder verliere. Und dann lief ich los. Mitten im Rennen war mir, als spürte ich Gottes unsichtbare Hand in meinem Rücken, die mich nach vorn schob. Ein wunderbares Gefühl der Schwerelosigkeit, wie ich es noch nie erlebt hatte. Ich lief wie von selbst – ohne Angst und Anstrengung." Und so stellte er mit 13,24 Sekunden einen neuen olympischen Rekord auf.

Vergiss nicht, für Gottes Beistand zu danken

Milburn versicherte mir, der Olympiasieg sei für ihn eine bleibende Verpflichtung, Menschen in seiner Umgebung auf die göttliche Kraftquelle aufmerksam zu machen, damit auch sie von Gott ergriffen werden. Er habe selbst solche Wegbereiter des Glaubens gehabt: „Mein Vater war Methodist und meine Mutter katholisch. Sie haben mich gelehrt und mir vorgelebt, dass Gott sich wie ein Vater um seine Kinder kümmert. Die Tür zu Gott ist offen, aber der Mensch muss hereingehen." Seine positive Lebenseinstellung hänge damit zusammen, dass Jesus Christus sein Erlöser sei, der ihn von seiner Lebensangst befreit habe.

Jan Schneider blühte förmlich auf und konnte seinen Wettkampf in Stuttgart kaum erwarten. Im Gebet haben wir Gott um Kraft und Beistand gebeten. Jan wollte sein Bestes geben.
Aus zeitlichen Gründen konnte ich in Stuttgart nicht dabei sein. Voller Erwartung rief ich nach seinem Endlauf im Internet die Wettkampftabelle auf und traute zuerst meinen Augen nicht: Er war Deutscher Meister im 400-Meter-Hürdenlauf geworden – in seiner Bestzeit von 49,63 Sekunden.

Hab im Leben immer Jesus vor Augen

Die US-amerikanischen Olympiasieger haben hoffentlich nicht nur Jan Schneider eine heilsame Lektion erteilt. Ihr sportlicher Wettkampf spiegelt den Lebenskampf wider.

Von ihnen lernen wir, wie wichtig für ein sinnerfülltes Dasein folgende Erfolgsfaktoren sind: Zielvorstellungen, Motivation, Kampfbereitschaft, Konzentration, Disziplin, Freundschaft, gegenseitige Hilfestellung, Vorbildwirkung, Konfliktbewältigung, Visualisierung und eine persönliche Gottesbeziehung. Mobilisieren wir alle Kräfte, entfalten wir unsere Talente, nehmen wir mit Gottes Hilfe die ständigen Herausforderungen im Kampf des Lebens an.

Während ich diese Zeilen schreibe, kommt mir der Schauspieler Joachim Fuchsberger in den Sinn, der übrigens Stadionsprecher bei den Olympischen Spielen 1972 in München war, wo Rodney Milburn Olmpiasieger wurde. Ich traf den 83-jährigen „Blacky" Fuchsberger in einem Sauerländer Hotel in Meschede zu einem Gespräch über Gott, seine Welt und den Tod. Er verglich seinen Lebensweg mit einem Hürdenlauf. Jan Schneider hätte er aus eigener Erfahrung den Rat gegeben, beim Start nicht an die Gefahren des Rennens bis ins Ziel zu denken. Mit Angst könne man nicht gewinnen. Wir unterhielten uns auch über die letzte Hürde im Lebenslauf. Er hoffte, mit Mut und Anstand springen zu können, und meinte, dass er Menschen bewundere, die an Gott glauben, auch über den Tod hinaus.

Literaturverzeichnis

Enkelmann, Nikolaus B., *Die Sprache des Erfolgs*, Wiesbaden (Gabler) [3]2012

Frankl, Victor E., *Der unbewusste Gott*, München (dtv) [12]2014

Frank, Victor E., *... trotzdem Ja zum Leben sagen*, München (Kösel) [9]2009

Hartung, Torsten; Fasel, Christoph, *Du musst dran glauben*, Aßlar (adeo) 2014

Höller, Jürgen, *Sprenge deine Grenzen*, Schweinfurt (Jürgen Höller Academy) 2016

Hüther, Gerald, *Die Macht der inneren Bilder*, Göttingen (Vandenhoeck & Ruprecht) [9]2015

Hüther, Gerald, *Was wir sind und was wir sein könnten*, Frankfurt a. M. (Fischer) 2017

Klempnauer, Günther, *Alles für den Sieg*, Gießen; Basel (Brunnen) 1996

Klempnauer, Günther, *Wenn Gott ins Spiel kommt*, Wuppertal; Zürich (Brockhaus) 1991

Koch, Samuel, *StehaufMensch!*, Aßlar (adeo) 2019

Messner, Reinhold, *Mein Leben am Limit*, München (Piper) [15]2005

Messner, Reinhold, *Die Grenzen der Seele wirst du nicht finden*, Kevelaer (topos plus) 2017

Middelhoff, Thomas, *A115 – Der Sturz*, Stuttgart (Langen-Müller) 2020

Middelhoff, Thomas, *Schuldig*, Aßlar (adeo) 2019

Müller, Jörg, *Du schaffst es!*, Stuttgart (Betulius) 2009

Peale, Norman Vincent, *Die Kraft des positiven Denkens*, München (dtv) [2]1996

Schuller, Robert H., *Meine Lebensreise*, Augsburg (Hour-of-Power-Ed.) [2]2010

Vujicic, Nick, *Mein Leben ohne Limits*, Gießen (Brunnen) [16]2019